走近巴尔干·历史回响

五百年风云

奥斯曼帝国时期的巴尔干

编著 ◎ 张 萍　孔凡君

丛书编委会

丛书顾问
刘新成　马细谱　邱运华

丛书主编
梁占军　邱红艳

丛书副主编
李建军

丛书编委会委员
方　强　高　歌　孔凡君　刘文明　王　峰　余金丽　朱晓中

总 序

"走近巴尔干"丛书是首都师范大学国别区域研究院与五洲传播出版社共同打造的一套介绍巴尔干半岛国情和域情的学术普及型读物。其内容涉及巴尔干的历史与现实的方方面面，目的是为国内读者打开一扇深入了解巴尔干社会风情的门。

巴尔干一词有地理、人文和历史等多重含义。其本义源自土耳其语，意为"山脉"。作为地理概念，它指的是欧洲东南部亚得里亚海和黑海之间的巴尔干半岛。因地处欧亚结合部，战略位置重要，是帝国和大国争夺之地；作为人文概念，它则是多民族、多宗教、多文明的交汇之地，长期以来基督教文明、伊斯兰文明和斯拉夫文明交相辉映，是欧洲文明的发源地；作为历史概念，它曾经背负过"一战导火索""欧洲火药桶"等负面的名声，经常与"暴力""杀戮""野蛮"和"落后"等词汇联系在一起。事实上，对于大多数国人来讲，巴尔干在很长时间内是一个表面上略有耳闻，实际上难得一见的遥远且陌生的地方。

不过，自2013年中国提出共建"一带一路"倡议以来，中国与"一带一路"共建国家和地区的合作日益升温，其中巴尔干各国的反应尤为积极。经过十多年的合作建设，巴尔干各国目前已成为中国海外商贸投资和旅游的重要目的地,中国与巴尔干国家间的人文交往也日益密切。国人对巴尔干的认知已经不再满足于电影和教科书中的"瓦尔特""铁托""萨拉热窝刺杀"和"南斯拉夫"等历史名词,而是希望更多地深入了解今天巴尔干地区各国的政治、经济、法律、历史、文化、社会风俗等各个方面,这是我们策划出版"走近巴尔干"丛书的主要背景和动力。

俗话说,国之交好,在民心相通。而民心相通的前提是相互了解与相互信任,前者离不开彼此间的信息畅通,后者有赖于彼此间的相互认同。我们要加强与巴尔干各国人民的友好往来,全方位地了解对方的历史文化和价值取向是必不可少的。出版"走近巴尔干"丛书就是想为国内读者提供一个多维度地了解巴尔干地区历史和文化的便捷渠道,其内容包括但不限于巴尔干地区和国家的政治、经济、历史、文化、艺术、社会、民族、战争、神话、名胜古迹和自然遗产等。每本书单独成册,力图深入浅出,简明扼要,融科学性和可读性于一体,希望为对巴尔干感兴趣的读者提供力所能及的参考。

总之一句话,出版"走近巴尔干"丛书是为了让读者更好地走进巴尔干!期待这套小书能够起到抛砖引玉、星火燎原的作用!

梁占军
2024 年 12 月 11 日
于中海雅园

目 录

导 言 　　1

第一章
巴尔干的早期文明 　　9
第一节　多重文明的交织与融合　　10

第二节　变迁中的早期居民　　18

第三节　半岛上的斯拉夫王国　　26

第二章
在征服中崛起的奥斯曼 　　39
第一节　被"请进来"的突厥　　40

第二节　占领巴尔干　　51

第三节　建立以巴尔干为"核心"的帝国　　60

第三章
帝国的统治 　　75
第一节　等级化的社会管理　　76

第二节　城乡分离的经济模式　　88

第三节　多元不统一的文化　　99

第四章
帝国衰落与民族觉醒　　　　　　　　　　109
  第一节　走向衰落的奥斯曼　　　　　110
  第二节　欧洲列强争夺巴尔干　　　　118
  第三节　巴尔干的民族觉醒　　　　　127

第五章
帝国解体与巴尔干秩序重建　　　　　143
  第一节　从帝国到共和国　　　　　　144
  第二节　巴尔干民族国家的建立　　　153
  第三节　巴尔干的新秩序　　　　　　164

结　语　　　　　　　　　　　　　　177
参考书目　　　　　　　　　　　　　184

导言

巴尔干（Balkan）既是一个地理意义上的概念，又是一个地缘政治意义上的概念。从地缘政治上说，它通常是指巴尔干半岛及其周边地区，在地理位置上主要涵盖了现在的罗马尼亚、保加利亚、斯洛文尼亚、克罗地亚、波斯尼亚和黑塞哥维那、塞尔维亚、黑山、北马其顿、阿尔巴尼亚、希腊、科索沃地区以及土耳其的欧洲部分。

丹尼斯·P.哈普奇克（Dennis P. Hupchick）和哈罗德·E.考克斯（Harold E. Cox）在《帕尔格雷夫简明巴尔干历史地图》（*The Palgrave Concise Historical Atlas of the Balkans*）一书的开篇中写道："从地缘政治上来说，（巴尔干）半岛自古以来就具有战略上的重要性。它是欧洲、亚洲和非洲三大洲交会的十字路口，陆地和海洋的易接近性使它对于来自四面八方的政治、军事和文化上的入侵与冲突毫无抵御能力。历史上有六个帝国——波斯、罗马、拜占庭、奥斯曼、奥匈帝国、俄国都试图整个或部分地占有它，以攫取其战略地位上和自然资源上的利益，并且在不同程度上取得了成功。"

导 言

在历史发展的进程中，对巴尔干社会发展影响最大的还是奥斯曼帝国。斯塔夫里阿诺斯（L. S. Stavrianos）在《1453年以来的巴尔干》（*The Balkans Since 1453*）中强调："一般说来，土耳其对巴尔干和近东的发展影响可以与德意志对西欧发展的影响相比。"从14世纪末到20世纪初，奥斯曼帝国在巴尔干统治了五百多年。正如让·塞德拉（Jean W. Sedlar）所言："奥斯曼是继古罗马帝国和拜占庭帝国之后在东南欧统治最久的政治实体。实际上，它是拜占庭帝国的继承者，统治了前者在欧洲、非洲和小亚细亚的大部分领土。奥斯曼帝国直到1699年始终统治着匈牙利和克罗地亚地区，对波斯尼亚的统治持续到1878年，塞尔维亚、罗马尼亚和保加利亚直到19世纪才获得独立。而在巴尔干半岛最南端的马其顿和希腊北部，直到1912年第一次巴尔干战争时仍然还是奥斯曼帝国的一部分。"

无论是对整个欧洲还是对巴尔干来说，14世纪末到20世纪初的这五百年里所发生的一切，对后来的影响是深远而根深蒂固的。就整个欧洲来说，经过这五百年欧洲从中世纪走向近代，国际体系随着一些民族国家的崛起而开始形成，国际关系极为复杂,频仍的战争始于三十年战争[1]终于第一次世界大战。

在这五百年中,巴尔干是大国角逐、对抗、厮杀的主要场所,辉煌的大国、帝国和王国在此不断更替,又都渐渐灰飞烟灭。而在巴尔干生存繁衍的各个民族多半受制于奥斯曼帝国,个别的则受制于奥匈帝国和沙皇俄国。进入19世纪,反抗异族压迫、追求民族解放成为巴尔干的主旋律。

奥斯曼帝国是从小亚细亚向北、西北、西呈弧线逐步对巴尔干进行征服的,征服过程中对各地的伤害和控制程度差别很大。相比而言,巴尔干半岛南部的希腊人,西北部的斯洛文尼亚人、克罗地亚人,东北部的罗马尼亚人受到的侵扰程度相对较低;但在被奥斯曼帝国征服的地区,曾有过的王

---

[1] 三十年战争（The Thirty Years' War,1618—1648）,是由神圣罗马帝国的内战演变而成的一次大规模的欧洲国家混战,也是历史上第一次全欧洲大战。中世纪后期神圣罗马帝国日趋没落,内部诸侯林立纷争不断,宗教改革运动之后又发展出天主教和新教的尖锐对立,加之周边国家纷纷崛起,于1618年到1648年间爆发了欧洲主要国家纷纷卷入德意志内战的大规模国际战争。战争最终以统治神圣罗马帝国的哈布斯堡王朝战败并签订《威斯特伐利亚和约》而告结束。这场战争推动了欧洲民族国家的形成,是欧洲近代史的开端。

导　言

国或帝国都走向了消亡，抵抗奥斯曼帝国征服和反抗其统治的斗争成为巴尔干地区民族国家重建过程中的必然，并在历史上留下了一段不可磨灭的记忆。比如，阿尔巴尼亚人斯坎德培领导的武装斗争，罗马尼亚人斯特凡大公领导的抵抗运动，塞尔维亚人的两次起义等等。事实上，奥斯曼帝国的征服和控制导致了巴尔干地区的民族分化。

在征服巴尔干的过程中，奥斯曼帝国不仅使用刀剑拓土开疆，还利用《古兰经》从信仰上加以收服。大部分阿尔巴尼亚人和少数塞尔维亚人皈依了伊斯兰教，其宗教信仰、生活习惯逐渐穆斯林化。在奥斯曼帝国的统治下，巴尔干地区形成了东正教、天主教、伊斯兰教、犹太教等多种宗教并存的复杂局面。犹太教因在巴尔干地区缺乏大国支持，加之信众的命运又极为坎坷和悲惨，在巴尔干的影响有限。

在奥斯曼帝国统治的后半期，奥匈帝国和沙皇俄国对巴尔干地区的影响比较大。大体而论，信仰天主教的民族主要受制于奥匈帝国，信仰东正教的民族主要受制于沙皇俄国，而信仰伊斯兰教的民族主要依附于奥斯曼帝国。这导致巴尔干各民族反抗的形式、程度和结果都不尽相同。巴尔干各民族的民族认同、国家认同、地区认同都非常脆弱，外倾性极为强烈。巴尔干内部的这种民族外倾性与欧洲大国对巴尔干的争夺相结合，使巴尔干最终在近代成为了"欧洲的火药桶"。

五百年，奥斯曼帝国的统治激发并推动了巴尔干地区的民族觉醒，形成了多样化的民族主义。民族主义是以血缘、地域、历史等因素为民族认同的前提，以同质的文化为感情纽带，以维护本民族利益为目的，以最终建立民族国家为政治取向的理论或意识形态。由于某个民族的兴盛与周边的民族衰亡相重叠，民族主义呈现出不同样态，且往往达不到曾想要的结果。由于受制于不同的大国和遮蔽在不同大国文明之下，巴尔干的民族主义还具有很强的排他性。从奥斯曼帝国统治晚期脱胎而来的民族主义，对巴尔干的影响延续至今。

从19世纪30年代到第一次世界大战结束，巴尔干各民族陆续建立起自己的民族国家，摆脱了奥斯曼帝国的统治。但是，与西欧"主动"从中世纪走向近代不同，巴尔干地区的民族国家是被"建立"起来的，它在帝国列强蛮横的影响和干预下，显得如此孱弱，以至于它们的命运只能与大国争霸和大国战争的结果紧紧地绑在一起。它们的"出生证"毫无例外都是外部大国在战争之后"签发"的，如罗马尼亚和保加利亚是在1878年俄土战争之后，阿尔巴尼亚是在1913年第二次巴尔干战争之后，南斯拉夫是在第一次世界大战之后。希腊是一个例外。1832年，在脱离了奥斯曼帝国之后，希腊王国由英法俄三国主导建立起来。

各大国为了自身在巴尔干的利益，有意地在主权、人口和领土等民族国家的基本要素上给巴尔干地区的国家植入了许多冲突因子，由此产生的诸多纷争至今仍没有得到解决。因此，巴尔干的民族国家从被诞生之日起就背负着摆脱不掉的历史、文化、主权、人口和领土纷争等方面的十字架，在它们的重压下从过去走来，又向未来走去。

奥斯曼帝国的统治对巴尔干地区的影响是如此的深远！

五百年风云——奥斯曼帝国时期的巴尔干

第一章
巴尔干的早期文明

第一节 多重文明的交织与融合

第二节 变迁中的早期居民

第三节 半岛上的斯拉夫王国

考古发现,早在公元前7000年,巴尔干半岛就出现了人类活动的遗迹。在漫长的历史岁月中,巴尔干半岛经过了希腊文明、波斯文明、基督教文明以及伊斯兰文明的多次洗礼。在奥斯曼家族到来之前,对巴尔干影响至深的是希腊文明和拜占庭文明。奥斯曼帝国的统治是巴尔干历史的分水岭。在此后的500年中,巴尔干深受伊斯兰文明的影响。

第一节 多重文明的交织与融合

一、古希腊文明的影响

巴尔干半岛是古希腊文明的发祥地。古希腊位于巴尔干半岛南部,地处地中海东部,大致包括希腊半岛、爱琴海诸岛、爱奥尼亚群岛和小亚细亚的西部沿海地带。约公元前3000年,位于巴尔干半岛南端的克里特岛(Crete)和伯罗奔尼撒半岛(Peloponnese)先后创造了灿烂的米诺斯文明和迈锡尼文明,它们也被统称为爱琴海文明。公元前2000年左右,克里特岛出现了最早的国家;约公元前1600年在伯罗奔尼撒半岛崛起的迈锡

希腊雅典卫城遗址

尼王国则在爱琴海称雄数百年，形成了迈锡尼文明。

公元前800年，城邦国家开始在巴尔干半岛的南端崛起，出现了雅典、斯巴达等多个具有地区影响力的城邦国家，希腊半岛进入城邦时代。古希腊的城邦在政治、哲学、历史、建筑、文学、戏剧、雕塑等诸多方面创造了灿烂的文化，其影响力遍及巴尔干半岛以及地中海和黑海沿岸。

公元前4世纪，位于巴尔干半岛西北部的马其顿（Macedonia）王国崛起。马其顿王国依自然条件分为下马其顿和上马其顿两个部分，下马其顿是靠近爱琴海和达达尼尔海峡的沿海平原地区，属于现在的希腊；上马其顿则覆盖了今天分属阿尔巴尼亚、希腊、保加利亚以及北马其顿的中巴尔干高原和罗多彼（Rhodope）山脉地区。

马其顿王国不仅统一了希腊本土，还一度建立起横跨欧亚非三大洲的亚历山大帝国，开启了希腊文明在地中海和中东地区占据主导地位的时代。在此期间，强大的波斯帝国亦曾跨过博斯普鲁斯海峡（Bosporus Strait），统治了色雷斯（Thrace），东西文明在巴尔干半岛实现了交汇和融合。亚历山大帝国一方面沿袭了马其顿的军事体系，并组建了陆海军；另一方面采取了波斯帝国的行省制度，对巴尔干进行管理。

公元前2世纪，亚历山大帝国被罗马征服，希腊并入罗马帝国，成为其中的一个行省。作为古希腊的遗产，古希腊文明

第一章　巴尔干的早期文明

被古罗马人延续，成为整个西方文明的精神源泉。与此同时，古罗马也为该地区注入新的文化要素，巴尔干半岛上不同族群生活在古罗马帝国划定的不同行省里。

395年，罗马帝国分裂，但行省制度被东罗马帝国，即拜占庭帝国所继承，成为巴尔干地理区划的基础。其中，有重要影响的行省包括：潘诺尼亚（Pannonia）、达契亚（Dacia）、达尔马提亚（Dalmatia）、莫西亚（Moesia）、色雷斯、马其顿、伊庇鲁斯（Epirus）、亚该亚（Achaia）、克里特等。在这一历史时期，东西罗马帝国在地理位置上的区隔、基督教的分裂与拜占庭的统治为巴尔干增添了新的文化底色。

希腊迈锡尼遗址

二、拜占庭文明的统治

罗马帝国分裂后,西罗马帝国只存在了81年,于476年灭亡,拜占庭帝国则延续了1057年(395—1453)。拜占庭原是位于博斯普鲁斯海峡西岸,扼守黑海、地中海以及欧洲与小亚细亚的咽喉要道,最早是由希腊人于公元前7世纪建造的。史学界也将330年罗马帝国首都东迁至拜占庭并改称君士坦丁堡视为拜占庭帝国的起点。

巴尔干半岛和克里米亚南部海岸长期处于拜占庭帝国统治之下。考古发现,6世纪巴尔干地区最重要的建筑就是要塞。要塞既是军事防御工事,也是城市,不仅有宏伟的城墙、瞭望的塔楼,还有教堂。据考证,仅查士丁尼(Justinian, 482—565)时期,巴尔干地区修建的军事要塞就达600多座。

拜占庭帝国在10世纪达到兴盛的顶峰,成为横跨欧亚非的大帝国。帝国的首都君士坦丁堡是地中海最大的经济文化中心,居民不仅生活富裕而且文化水平也非常高。拜占庭帝国实行的是中央集权的政治制度,主要特点就是君主专制,社会的政治结构呈金字塔形。与此同时,拜占庭帝国不断对外扩张领土,疆域跨越欧亚非三大洲,版图最大时包括欧洲中东部、巴尔干半岛、亚洲的一小部分以及北非的一些地区。

拜占庭帝国的皇权主要靠削弱贵族的权力、财产和地位来巩固，但从10世纪中期起，拜占庭帝国的皇帝对贵族的约束力减弱，而贵族势力不断增强，特别是在政治和军事领域的影响力不断加大。到11世纪末期，皇帝与贵族之间的冲突公开化，甚至发生了反对皇权的起义。这种内部矛盾极大地削弱了拜占庭帝国的稳定，影响了它的经济发展。拜占庭帝国开始衰落。

但是，加速拜占庭帝国衰亡的是11世纪后半期来自周边的侵扰。塞尔柱帝国打败了拜占庭帝国，攻占了小亚细亚的大部分地区；来自北欧的诺曼人从拜占庭帝国手中夺得了地中海的控制权；原本被请来帮助拜占庭帝国对付突厥人的十字军，在征战途中多次攻打拜占庭，抢掠土地和财产，甚至一度攻占了君士坦丁堡。威尼斯、热那亚等新崛起的意大利城邦也加入掠夺拜占庭帝国领地和财富的行列。与此同时，拜占庭帝国内部烽烟四起，一些地方不再听命于皇帝，帝国的疆域大大缩小。连年的战争严重破坏了拜占庭帝国的经济基础，土地荒芜，粮食供应严重不足，海上贸易通道丧失。14世纪中叶，奥斯曼帝国侵入巴尔干半岛之后，拜占庭帝国衰亡速度加快，并于1453年退出历史舞台。

三、宗教文化的分裂与演变

拜占庭帝国给巴尔干地区带来的最重要的文化特质就是东正教。罗马帝国时期，巴尔干半岛上的居民都在不同程度上接受了基督教。基督教产生于公元1世纪，相传耶稣基督在罗马帝国统治下的巴勒斯坦伯利恒创造了基督教。起初，罗马统治者对于这种不同于罗马习俗的宗教采取了镇压政策。但是，随着加入基督教的有钱人越来越多，基督教在罗马越来越广地传播开来，特别是大量高级别的官员和将领成为教徒之后，基督教逐渐为罗马人所习惯。4世纪末，基督教成为罗马帝国的国教。

罗马帝国分裂后，基督教亦产生了分裂。东部教会受制于拜占庭帝国，以罗马教皇为首的西部教会则与西欧封建势力相勾结，双方相互分庭抗礼。除了争夺最高领导权和对宗教教义理解不同之外，在势力范围和经济利益方面，东西方教会也展开了激烈争斗。1054年，君士坦丁大主教和罗马教皇互相宣布革除对方的教籍，基督教正式分裂。

基督教的分裂表面上是宗教问题，实际上却导致了欧洲文化的分裂，进而引起了政治和种族宗教的对立。于是，包括巴尔干半岛及整个东欧所受的宗教影响也相应地发生了变化。大体上说，受拜占庭帝国影响的东斯拉夫人和巴尔干半岛东部、南部的保加利亚人、塞尔维亚人、黑山人、马其顿人、希腊人等主要信奉东正教；受西罗马帝国影响的西斯拉夫人和巴尔干半岛西部、北部的斯洛文尼亚人、克罗地亚人、阿尔巴尼亚人主要信奉天主教。

教派的划分对后来巴尔干半岛和整个东欧的政治格局产生了重要影响。与东斯拉夫人信仰东正教、西斯拉夫人信仰天主教不同，南斯拉夫人有的信仰东正教，有的信仰天主教。东正教和天主教在巴尔干交汇，并通过族群冲突表现出来。至奥斯曼帝国时期，巴尔干地区的矛盾与冲突中又增添了伊斯兰教的色彩。

第二节
变迁中的早期居民

一、希腊人和伊利里亚人

奥斯曼家族到来之前,巴尔干半岛的主要居民包括希腊人、伊利里亚人、达契亚人、色雷斯人和斯拉夫人。其中,生息在巴尔干半岛东南部的早期居民是希腊人和伊利里亚人。

古希腊人的居住区除了巴尔干半岛南部,还包括爱琴海诸岛和小亚细亚沿岸,其祖先是公元前 2000 多年前从北方陆续迁入的印欧语族的亚该亚人、爱奥尼亚人、伊奥利亚人和多利安人。他们自称希伦人。在宗教信仰上,古希腊人信奉的是与神话联系在一起的多神教。被罗马帝国征服后,希腊人改信基督教。罗马帝国分裂后,东正教成了希腊人的主要信仰。

伊利里亚人被阿尔巴尼亚人奉为祖先,原是印欧语族中的一个古老民族,最早居住在中欧地区。大约在铁器时代之初,伊利里亚人南迁,于公元前 1000 年左右便定居在伊利里亚(Illyria)地区。伊利里亚人居住地区位于古希腊的西北部,因此,早期受希腊文化影响比较大。公元前 6 世纪时伊利里亚人已经产生了分化,其中,南方和亚得里亚海(Adriatic Sea)沿岸的部族受希腊的控制，成为希腊的殖民地，社会生活的各个方面都是希腊化的；而北部的伊利里亚人仍在部族首领统治之下。公元前5世纪，北部伊利里亚人的部落联盟开始向早期国家过渡，出现了恩凯莱（Enchelees）、陶兰特（Taulantii）、伊庇鲁斯（Ipiros）和阿尔迪安（Ardiaean）等王国。

恩凯莱人主要居住在东南部的平原地带，于公元前5世纪建立起自己的王国，公元前4世纪达到鼎盛，曾经占据了马其顿王国的大片土地，但后被马其顿王国征服。

陶兰特人主要居住在北部沿海地区，在公元前5世纪时建立了自己的王国，但被亚历山大大帝打败后退出了历史舞台。

公元前5世纪末，伊庇鲁斯各部落建立了王国。公元前3世纪初，伊庇鲁斯王国的疆域极度扩大，曾试图建立一个比马其顿还强大的帝国。但到公元前3世纪后期，伊庇鲁斯王国因内讧衰落，征服来的领土相继失去，王国很快解体。

在恩凯莱人、陶兰特人和伊庇鲁斯人的王国相继瓦解之后，一支叫阿尔迪安（Ardiaean）的伊利里亚人国家在公元前3世纪下半叶兴起，鼎盛之时疆域从北部的达尔马提亚一直扩展到南部的维约瑟河（Vjosa River），首都定在东北部的重镇斯库台（Shkodër）。公元前168年罗马人占领了伊利里亚全境，该王国成为伊利里亚行省的一部分。

在宗教信仰方面，伊利里亚人最早受希腊影响信仰多神教，被罗马帝国征服后开始信仰基督教。罗马帝国分裂后，伊利里亚人的阿尔巴尼亚地区被划归拜占庭，由罗马帝国的中心地带变成拜占庭帝国的边疆地区，但这个地区仍归罗马教皇管辖。基督教正式分裂后，阿尔巴尼亚南部地区归拜占庭帝国的东正教教会管辖，而北部地区归罗马教会管辖。在之后的岁月

阿尔巴尼亚斯库台城堡遗址。15世纪，阿尔巴尼亚人在此多次抵抗奥斯曼军队的入侵，但该城最终于1497年被占领。

第一章　巴尔干的早期文明

里，阿尔巴尼亚人虽然也建立过自己的公国，但总体上是交替地受拜占庭帝国和周边其他斯拉夫人的管辖，东西教会的管理范围也时有变化。天主教和东正教两种宗教势力的影响此消彼长，因此，阿尔巴尼亚人有信仰天主教的，也有信仰东正教的。

二、色雷斯人和达契亚人

色雷斯人分布在巴尔干半岛的东南部,早在公元前3500多年前就生活于此,公元前5世纪建立起第一个色雷斯国家。色雷斯人到底是巴尔干半岛上的土著居民还是外来移民,学术界有不同说法。从公元前4世纪起,色雷斯人的势力在与马其顿人、波斯人的冲突中被严重削弱,到2世纪时被罗马帝国吞并,分属莫西亚和色雷斯两个行省。

罗马帝国灭亡之后,南下的斯拉夫人占领了莫西亚和色雷斯并定居下来。由于斯拉夫人在人数上居于优势,色雷斯人逐渐遗忘了过去一直使用的拉丁语、希腊语和色雷斯语,被斯拉夫人同化并湮没于斯拉夫人之中。

达契亚人是巴尔干半岛上的非斯拉夫人,从语言角度说,属罗曼语族(也称拉丁语族),通常被认为是罗马尼亚人的祖先。达契亚人大约从公元前2000年初就居住在喀尔巴阡山脉以东、黑海以西的广大区域内。早期,达契亚人受希腊文化的影响比较大,但在106年被罗马人征服之后,达契亚人和罗马人的关系变得越来越密切,分别在公元1—2世纪多次加入过罗马军队。在罗马皇帝图拉真时代(98—117),现今罗马尼亚的特兰西瓦尼亚和瓦拉几亚地区已经成为罗马帝国的一个行省。到罗马帝国灭亡的时候,这里的居民不仅使用拉丁语,甚至把罗马人认作

喀尔巴阡山一景。喀尔巴阡山脉是欧洲中部的重要山脉。

自己的先祖,把征服他们的图拉真当作自己的民族英雄,连国名也用上了罗马二字,以罗马为宗的民族意识一直延续到现代。

三、斯拉夫人的到来

斯拉夫人是操印欧语系斯拉夫语族的各民族的统称,在欧洲各民族和语言集团中是人数最多的一支。一般认为,斯拉夫人是中欧和东欧广袤平原地带的古老居民。在演进的过程中主要因为外力的作用,斯拉夫人历史上出现过两次分化,最终形成西斯拉夫人、东斯拉夫人和南斯拉夫人三个民族群体。

斯拉夫人的第一次分化发生在1世纪末至2世纪初,是由

日耳曼人南下引起的。日耳曼人是操印欧语系日耳曼语族的部族统称,为了得到新的牧场和猎场,他们不断迁徙,夺取新的土地。2世纪,它们中的一支哥特人从维斯瓦河(Wisla River)向东南抵达黑海一带。受哥特人南下的冲击,部分斯拉夫人逐渐离开故土,朝南、西两向迁移。到6世纪左右,东迁的斯拉夫人融合若干民族形成了东斯拉夫人,后来的俄罗斯、白俄罗斯和乌克兰三个民族即是东斯拉夫人最典型的代表。留在西部的斯拉夫人其后迁移到奥得河(Oder River)西部,取代了讲日耳曼语的部落,成了西斯拉夫人,最重要的有波兰、捷克和斯洛伐克三个民族。

巴尔干半岛上的南斯拉夫人是斯拉夫人第二次分化的结果,而造成这次分化的原因是匈奴人西迁引起的欧洲民族大迁徙。民族大迁徙,也称蛮族大迁徙,指的是发生在罗马帝国后期,以日耳曼人为主的各"蛮族"长期迁徙、转战和建立国家的历史过程。在民族大迁徙的浪潮中,东西斯拉夫人也被卷了进来。从5世纪起,他们南下到了巴尔干半岛。

斯拉夫人南下经历了一个漫长的过程。在3世纪,一些斯拉夫人南迁至保加利亚和希腊,并在多瑙河南部建立部分定居点。早期迁徙的斯拉夫人主要是农民,因而成为流动骑兵的掠夺对象。到6世纪,向喀尔巴阡山南部的移民达到高潮,古色雷斯人和伊利里亚人在数量上大大减少,而斯拉夫人的驻军急剧增加。

  与此同时，南下的斯拉夫人形成了不同的南斯拉夫民族。马扎尔人进入多瑙河地区之后，同阿瓦尔人、查理帝国一起在今天的匈牙利和罗马尼亚地区形成了一个隔离带，将南部斯拉夫人同北部的东西斯拉夫人分割开来。从此，南部斯拉夫人开始独立发展，与当地不同的土著居民相互融合，形成了各个具体的南斯拉夫民族，如保加利亚人、塞尔维亚人、斯洛文尼亚人、克罗地亚人、黑山人、波斯尼亚和黑塞哥维那人，以及马其顿人。

  从地理位置分布上来看，斯洛文尼亚人主要聚居于亚得里亚海岬角，克罗地亚人主要聚居于德拉瓦河（Drava River）与亚得里亚海之间的区域，塞尔维亚人主要聚居在亚得里亚海和多瑙河之间的区域，保加利亚人则主要聚居于黑海西岸地区。大约7世纪时，巴尔干半岛上的族群格局已经基本形成，即希腊人在南部，阿尔巴尼亚人在西部，罗马尼亚人在东北部，斯拉夫人则居住在从亚得里亚海到黑海的广阔地带。

第三节
半岛上的斯拉夫王国

一、保加利亚

随着拜占庭帝国的衰落,进入巴尔干半岛的各个族群纷纷建立自己的独立王国。至13世纪第四次十字军东征,遭受重创的拜占庭帝国在巴尔干半岛的统治仅剩下君士坦丁堡及其周边的色雷斯、马其顿,以及伯罗奔尼撒半岛。在突厥人到来之前,巴尔干半岛实际处于多个王权国家的统治之下。在斯拉夫人建立的独立王国中,最重要的就是保加利亚人建立的保加利亚王国和塞尔维亚人建立的塞尔维亚王国。

保加利亚这个名称来自古代保加尔人突厥部落。保加尔人原本生活在中亚地区,大约在4世纪70年代同匈奴人一起西迁进入欧洲,定居在里海和黑海之间的平原地区。7世纪,一部分保加尔人到达了多瑙河河口,在南比萨拉比亚(Basarabia)定居下来,并不断对拜占庭帝国进行侵袭和劫掠。

681年,保加尔人打败拜占庭后建立了一个王国,史称第一保加利亚王国。第一保加利亚王国的建立是保加尔人与拜占庭冲突的结果。811年，大败拜占庭军队的保加利亚第一王国军队到达君士坦丁堡城下，所占土地拓展到今天的保加利亚和罗马尼亚、匈牙利的一部分。10世纪时，第一保加利亚王国达到鼎盛，除经济上确立了封建关系，政治上加强了中央集权之外，对拜占庭的战争也接连取得重大胜利。917年，保加利亚军队深入拜占庭腹地，疆域进一步扩展到了塞尔维亚、阿尔巴尼亚、马其顿以及色雷斯的一部分。

不过，第一保加利亚王国兴盛的时间并不长，很快就走向衰落。随着封建制度的巩固，保加利亚农民的处境日益恶化，各种负担特别是名目繁多的徭役沉重地压在他们身上。因此，农民与封建主之间的矛盾越积越深，最终引发了反抗运动，极大地冲击了保加利亚王国的封建统治基础。拥有较强经济实力和政治实力的大封建主开始谋取更大的自治权限，不再唯王命是从。

与此同时，保加利亚面临的外患也严重起来。除了西北部的马扎尔人之外，对保加利亚构成最大威胁的是拜占庭帝国。9世纪时，拜占庭就多次与保加利亚发生冲突，但均以失败而告终。保加利亚因内乱不断衰落以后，拜占庭帝国便加紧对它的侵略扩张。971年，拜占庭军队攻入保加利亚东北部，将此地区变成了自己的一个行省。一些贵族在没有沦陷的西南地区建立了西保加利亚，继续与拜占庭帝国抗衡。11世纪初，拜占庭帝国又开始接连向保加利亚发起进攻，重新占领了它的东北部地区，并于1014年攻入保加利亚。1018年，第一保加利亚王国被拜占庭所灭。

第一保加利亚王国存在的3个多世纪里，保加尔人不断被南下的斯拉夫人所同化，采用属于南斯拉夫语族的保加利亚语，逐步演变为保加利亚人。在此过程中，逐步形成了封建社会的雏形，封建地主贵族和依附其领地的农民成为保加利亚两个最主要的阶级。其中，农民享有人身自由，可以离开自己的土地，但要向国家缴纳各种实物税，要为领主服各种徭役。在政治上，王国由可汗统率，最高立法权、司法权和行政权都集中在他的手里。但其权力在一定程度上也受到贵族组成的宫廷会议的限制。保加尔人原本信奉突厥民族的原始宗教，9世纪基督教开始在巴尔干地区传播后，第一保加利亚王国国王鲍里斯一世（Boris I,？—907）于865年宣布皈依基督教，并将东正教定为国教，成为保加利亚的首位大公。

第一保加利亚王国灭亡之后，拜占庭帝国在这里统治了169年。为了彻底征服保加利亚人，拜占庭帝国采取了相当严酷的政策。军事上，拜占庭帝国派军队驻扎在保加利亚各重要之处，军队所需粮饷就地征调。政治上，拜占庭帝国派大批官吏到各级行政机构，对保加利亚人实行暴政。经济上，拜占庭帝国在旧税照收的同时又增新税，而且将以前的实物税改为缴

第一章　巴尔干的早期文明

纳货币。精神上，拜占庭教会派来大批上层教士管理保加利亚民众。

对于拜占庭帝国的残暴统治，保加利亚人争取独立和自由的斗争一天也没有停止过。1040年和1072年，马其顿地区爆发过两次反对拜占庭统治的起义，多瑙河沿岸、索非亚（Sofia）、普罗夫迪夫（Plovdiv）等地也在1074年、1079年、1084年爆发过类似的反抗运动。到了12世纪末期，拜占庭帝国因内部的封建割据和外部马扎尔人、诺曼人的入侵，其统治开始走向衰落。

保加利亚普罗夫迪夫，罗马帝国时期色雷斯行省属下的城镇，保加利亚人进入巴尔干的早期聚居地。1364年被奥斯曼军队占领。

在这样的背景下，1185年，贵族出身的两兄弟伊凡·阿森（Ivan Asen）和彼得·阿森（Peter Asen）在保加利亚北部的特尔诺沃（Tŭrnovo）领导了大规模的反拜占庭起义。经过两年的艰苦斗争，拜占庭不仅没能将起义镇压下去，反而不断遭到失败。1187年，拜占庭帝国被迫与阿森兄弟缔结和约，承认保加利亚的独立。这个新独立的国家即是第二保加利亚王国。

12世纪末到13世纪初，第二保加利亚王国收复了整个索非亚地区，攻克了瓦尔纳（Varna），夺回了色雷斯、黑海沿岸的城镇以及马其顿的一部分土地。在13世纪初，第二保加利亚王国的疆土扩展到黑海、爱琴海和亚得里亚海之滨，成为巴尔干半岛上最大的强国。

在经济方面，第二保加利亚王国城市增加，手工业发展，贸易繁荣。这一时期，手工业和商业中心城镇有七十余个，如特尔诺沃、索非亚、维丁、瓦尔纳、普罗夫迪夫、斯科普里（Skopje）等。这些城镇的手工业都比较发达，产品不仅可以满足城镇居民的需要，还可以和农民交换农产品，大大地促进了城乡贸易的发展。为了能将剩余的粮食和原料卖到外国，也为了获得国外的商品，第二保加利亚王国同热那亚、威尼斯、波兰、匈牙利、波希米亚都建立了密切的贸易关系。

但是，统治集团内部的互相倾轧，几乎贯穿于第二保加利亚王国的始终。13世纪下半叶，第二保加利亚王国因贵族争夺王位而陷入长期混战，贵族们有的投靠拜占庭帝国，有的则自立为王。第二保加利亚王国的社会矛盾也越来越尖锐，不堪忍受贵族巧取豪夺、残酷压榨的农民纷纷揭竿而起。进入13世纪下半叶，第二保加利亚王国开始由盛而衰，到13世纪末，王国已处于四分五裂之中。

1277年，在蒙古军队不断掳掠第二保加利亚王国的时候，伊瓦伊洛·巴多卡瓦（Ivaylo Bardokva）领导农民在保加利亚北部举行起义，矛头指向蒙古侵略军和国内的封建统治阶级。虽然这次农民起义以失败告终，但在此之后第二保加利亚王国的分裂状况变得更为严重，贵族们纷纷割据称王，中央权力式微。

1330年7月，第二保加利亚王国军队在索非亚附近大败于塞尔维亚军队，国王被打死，第二保加利亚王国沦为塞尔维亚的附庸国。虽然不久之后保加利亚重获独立，但在1365年前后又分裂成多布罗加（Dobrudja）、第诺伐（Dinova）和维丁（Vidin）三个公国。在以后的三十余年中，保加利亚地区受到奥斯曼人的不断侵扰。1396年，奥斯曼帝国占领其全境，第二保加利亚王国灭亡，前后共存在了209年。

二、塞尔维亚

塞尔维亚人最早居住在萨瓦河（Sava River）中下游以南至亚得里亚海沿岸一带，除了中心地区拉什卡（Rascia）之外，还包括胡姆烈（Zachumlie）、特拉布尼亚（Trebounia）和泽塔（Zeta）等地。在保加尔人建立独立国家的过程中，塞尔维亚人等斯拉夫人积极参与，曾与保加尔人并肩作战。但在9世纪中期以后的一百多年中，塞尔维亚几次被保加利亚征服，被并入保加利亚王国。

1018年，第一保加利亚王国被拜占庭所灭，塞尔维亚人又成了拜占庭帝国的臣民。从这时开始，塞尔维亚的政治中心由拉什卡转到了泽塔，但塞尔维亚人要求团结一致、摆脱外族压迫和统治的愿望却越来越强烈。到12世纪，拉什卡重新成为塞尔维亚的政治中心。1217年，统一的塞尔维亚王国建立。

从1217年建国到1459年完全被奥斯曼帝国征服，塞尔维亚王国前后共存在了242年。在13世纪前半期，塞尔维亚王国处在发展初期，经济发展比较快，沿海城市与意大利和地中海各国的贸易往来非常频繁。但是，农民因税赋徭役负担比较重，时常有反抗行动。

从13世纪下半期起，塞尔维亚王国开始向外扩张，先后从拜占庭手里夺取马其顿北部和阿尔巴尼亚北部，1330年打败第二保加利亚王国。1331年，在塞尔维亚贵族的支持下，斯蒂芬·杜尚（Stefan Dušan, 1308—1355）登上了王位。在他当政的24年间，塞尔维亚王国进入了短暂的鼎盛时期。杜尚大力向外扩张，试图把塞尔维亚国王变成巴尔干半岛上的强国，全力征讨已处于内讧之中的拜占庭帝国。从1334年到1348年，塞尔维亚王国将巴尔干半岛的三分之二领土纳入自己的版图，其疆域扩展到萨瓦河、多瑙河到科林斯湾，亚得里亚海岸、爱奥尼亚海岸到爱琴海之间的广袤大地，成为当时巴尔干半岛上最强大的国家。

与此同时，塞尔维亚人的宗教生活也发生了一些变化。在受拜占庭帝国统治的时期，塞尔维亚人接受了东正教。独立建国之后，塞尔维亚王国虽然没有改变宗教信仰，但教会的独立性越来越强。1346年，斯蒂芬·杜尚不顾拜占庭东正教会的反对，将塞尔维亚东正教会的大主教改称为牧首，同时自称"塞尔维亚人、希腊人、保加利亚人和阿尔巴尼亚人的皇帝"，将首都迁到斯科普里。

为了便于治理，斯蒂芬·杜尚把王国分成两部分，其中，马其顿、希腊、阿尔巴尼亚由其直接统治，而塞尔维亚本土交给了他的儿子乌罗什五世（Uros V, 1336—1371）。为了加强中央集权和对各地大封建主的控制，斯蒂芬·杜尚一方面对试图造反的封建主进行毫不留情的镇压，另一方面也逐步将塞尔维亚

北马其顿首都斯科普里的卡雷城堡（Kale Fortress），奥斯曼帝国时期的重要军事防御据点。

统治秩序以法律的方式固定下来。1349 年，参照《查士丁尼法典》(*Codex Justinianus*) 和塞尔维亚习惯法，斯蒂芬·杜尚召集僧侣和贵族在斯科普里召开会议，通过了一部完整的法典。

从本质上说，这部法典是为了维护封建的土地所有制和社会制度，反映了 13—14 世纪塞尔维亚的经济制度和阶级关系。在土地制度方面，这部法典规定大贵族世袭土地和小贵族以服兵役为条件占有土地。前者可以按继承权世代拥有、自由买卖和转让，后者不能世袭，也不准买卖和转让。无论是大贵族还是小贵族，他们在自己的领地或采邑里都享有征收租税、审理一般的司法案件和任免官吏的特权。

但是，由于维护封建主特权、残酷压迫农民，塞尔维亚王国的阶级对立与阶级矛盾比较尖锐。同时，塞尔维亚王国通过武力征服，扩大了疆域，但是由于各地区在经济发展水平、政治文化、社会制度、语言文化、民族宗教等诸多方面都存在着较大的差别，彼此没有联系，形成不了统一的整体，在此基础之上建立的塞尔维亚王国因而缺乏持久的稳定性。1355年，斯蒂芬·杜尚去世后，塞尔维亚王国随即陷入四分五裂之中，国力、国威急剧下降。此后，北部地区被匈牙利夺走，亚得里亚海沿岸的大部分则被14世纪末兴起的波斯尼亚所控制。随着奥斯曼帝国对巴尔干半岛的侵略和扩张，塞尔维亚王国不断地被其蚕食。

三、克罗地亚

克罗地亚人大约在7至10世纪迁入巴尔干地区。克罗地亚人信奉天主教，讲拉丁语，以达尔马提亚地区为中心，属于法兰克王国控制的区域。公元9世纪，法兰克王国与拜占庭帝国发生战争，为克罗地亚独立创造了机会。

10世纪初，克罗地亚王国达到鼎盛，拥有强大的陆海军事力量。据来自君士坦丁堡的相关记载，克罗地亚当时拥有步兵10万、骑兵6万、水兵5000多人。尽管数字可能是被夸大的，但至少说明当时克罗地亚的军事实力令同时代的人印象深刻。克罗地亚王国的统治中心是达尔马提亚海岸的比奥格勒（Biograd）。强盛时期，克罗地亚王国曾一度迫使威尼斯共和国向其纳贡。

在10世纪中后期，克罗地亚王国逐步走出山区腹地，向潘诺尼亚平原扩展。潘诺尼亚平原属于法兰克王国，曾受到保加利亚王国的统治。克罗地亚人将潘诺尼亚平原划入版图，并统治近一个半世纪。9世纪末，马扎尔人又开始袭击这片土地，因克罗地亚紧邻马扎尔人，与匈牙利产生了既联系又冲突的关系。

11世纪，因王位之争，克罗地亚王国发生内乱，威尼斯趁机摆脱了克罗地亚的控制，并占领了达尔马提亚的诸多城市。不过，由于克罗地亚和拜占庭帝国的反攻，达尔马提亚地区逐渐恢复了先前秩序。后来随着拜占庭帝国的衰落，达尔马提亚沿岸诸城市纷纷独立，在此背景下，与克罗地亚王室有亲戚关系的匈牙利国王拉迪斯拉斯一世（Ladislaus I, 1040—1095）趁机将克罗地亚置于自己的控制之下。1094年，他在萨格勒布（Zagreb）建立主教区，并将其发展成为克罗地亚的宗教中心。1095年，拉迪斯拉斯一世去世。他的匈牙利王位继承人科洛曼（Koloman, 1070—1116）于1102年被确立为克罗地亚—达尔马提亚王国的国王。科洛曼改组了这个新王国的行政机构，令其自治。

12—16世纪,克罗地亚的历史与匈牙利交织在一起。其间,达尔马提亚地区曾先后被拜占庭帝国和威尼斯共和国统治。直至1526年,奥斯曼帝国征服克罗地亚地区。

五百年风云——奥斯曼帝国时期的巴尔干

第二章
在征服中崛起的奥斯曼

第一节 被"请进来"的突厥

第二节 占领巴尔干

第三节 建立以巴尔干为"核心"的帝国

1341年,拜占庭帝国的联合执政者约翰五世帕里奥洛加斯(John V Paleologos, 1331—1391)和约翰六世坎塔库泽尼(John VI Cantacuzene, 1292—1383)爆发王位争夺战。约翰六世为获得军事援助,向达达尼尔海峡东岸一个正在崛起的突厥公国发出求助。1345年,应邀而来的一支奥斯曼家族的军队穿过达达尼尔海峡,从此翻开巴尔干地区独特而影响深远的一段历史。

一百多年后,这个起家于安纳托利亚(Annatolia)的突厥公国打败了拜占庭帝国,发展成为横跨欧亚非三大洲的奥斯曼帝国。

第一节
被"请进来"的突厥

一、安纳托利亚的突厥公国

突厥人(Turks)原本生活在南西伯利亚,位于里海和阿尔泰山脉之间的一片广阔草原。早期的突厥"国家"主要是由强人领导的部族联盟,他们有的皈依了伊斯兰教,有的则仍信守传统宗教。6—8世纪,中国北方曾崛起过一个突厥汗国,后被回纥所灭。10世纪末期，生活在中亚的突厥部落古思（Ghuz）和乌古思（Oghuz）在咸海一带定居下来，他们自称土库曼人（Turkomans），在皈依伊斯兰教后，奉塞尔柱（Seljuq）为首领。

1040年，塞尔柱的孙子图格鲁尔（Tughril）夺取了呼罗珊[1]，后又攻下了多个割据的波斯政权，成为中亚的统治者。1055年，图格鲁尔协助阿拔斯王朝[2]第二十六代哈里发艾·卡伊姆（Al-Qa'im，1031—1075）拔除了其军事长官艾·巴萨西里（al-Basasiri），被封为摄政王，进驻巴格达，并被赐以"苏丹"封号。图格鲁尔成为第一个获得"苏丹"称号并将之印在钱币上的突厥统治者。到11世纪中期，塞尔柱突厥已经成为一个统治中亚、西亚的帝国。

1071年，作为唯一继承人，图格鲁尔的侄子阿尔普·阿尔斯兰（Alp Arslan）在凡湖（Lake Van）以北的曼齐克特（Manzikert）打败了拜占庭的军队，俘虏了他们的皇帝罗曼努斯·第欧根尼（Romanos Diogenes，约1030—1078）。自此，安纳托利亚的大部分土地从拜占庭帝国的统治中解脱出来。

---

[1] 呼罗珊（Khurasan），古地区名，意思是太阳升起的地方，大部分在今伊朗境内，一部分在阿富汗斯坦赫拉特一带和土库曼斯坦境内的马雷一带。

[2] 阿拔斯王朝（750—1258）为阿拉伯帝国的第二个世袭王朝，古代中国史籍中称之为黑衣大食。

后来，塞尔柱国王命令野心勃勃的苏莱曼（Süleyman）占领了尼西亚（Nicaea）。1077年，苏莱曼的儿子基里克·阿尔斯兰（Kiliç Arslan）在安纳托利亚建立了地方政权，即罗姆塞尔柱，定都尼西亚，并在此进行了长达200年的统治。在此期间，罗姆塞尔柱与拜占庭帝国之间虽有刀兵相向之时，但亦有频繁的人员交流，在文化上相互影响、相互渗透。

1277年，蒙古人打败了罗姆塞尔柱帝国。尽管罗姆塞尔柱帝国已是名存实亡，但它的统治又维持了30年。在此期间，强大的地方领袖获得建立独立政权的机会，奥斯曼（Osman，约1258—1324）就是其中之一。

奥斯曼的父亲埃尔图鲁尔（Ertugrul）是一名加齐（gazi，圣战者），在瑟于特（Sögüt）附近有一小块封地。1281年，奥斯曼继承了父亲的这块封地。封地的面积虽然不大，但土地肥沃，而且地理位置重要，毗邻拜占庭帝国和安纳托利亚的重要城市尼西亚、布尔萨（Bursa）和阿比多斯（Abydos）。奥斯曼将扩张的目标瞄准了拜占庭帝国的属地。

1300年，奥斯曼宣布建立独立公国，第二年又在尼西亚附近的巴法埃农（Baphaeum）击败了拜占庭帝国的军队。罗姆塞尔柱的苏丹给予他一个总督头衔。1324年，奥斯曼的儿子奥尔汗（Orhan，1288—1360）继位。1326年，奥尔汗率军占领了布尔萨，并将其确立为奥斯曼的第一个首都。此后，奥尔汗先后率兵从拜占庭帝国手里夺得了贝勒卡侬（Pelekanon）、尼西亚、尼科米底亚（Nicormedia）、斯库塔里（Scutari），势力达到马尔马拉海，与达达尼尔海峡对岸的君士坦丁堡隔海相望。

随着对拜占庭帝国土地的占领，奥斯曼变成了安纳托利亚的一个有重要影响力的突厥公国。但是，要想将其势力真正拓展至整个安纳托利亚，奥斯曼还要成为所有突厥人的领导者。

二、欧洲的雇佣军团

奥斯曼家族的成功吸引了大批加齐战士涌入其领地，他们大都是不受束缚的土库曼部落成员，乐于跟随强大的领袖，期望在军事征服中获得更高的地位和更多的土地。此时的安纳托利亚群雄并起，仅在其西部，除了奥斯曼公国，还有卡雷斯（Karesi）、萨尔汉（Saruhan）、艾登（Aydn）、门特瑟（Menteşe）、杰米里扬（Germiyan）等多个突厥或蒙古公国。到14世纪中期，这些自立的政权已经将拜占庭帝国在安纳托利亚的属地悉数夺取，目光开始投向达达尼尔海峡对岸。

奥斯曼公国最早是以雇佣军团的身份被"请进"欧洲的。早在12世纪后半期，塞尔维亚王国吞并了阿尔巴尼亚和马其顿，之后又打败了第二保加利亚王国，统治疆域占了巴尔干的三分之二。14世纪的巴尔干,随着拜占庭帝国的衰落,已经陷入四分五裂。此时,巴尔干东北端有瓦拉几亚公国,北部挨着匈牙利王国,南端有雅典公国和摩里亚公国。拜占庭帝国控制的地区主要是东南部的色雷斯地区,但这一地区持续受到来自安纳托利亚的卡雷斯公国的威胁。为牵制卡雷斯公国,1333年,拜占庭皇帝安德鲁尼克斯三世(Andronicus III, 1258—1341)与奥尔汗结盟。

1341年,安德鲁尼克斯三世去世,拜占庭帝国陷入王位继承战。1345年,受摄政王约翰六世坎塔库泽尼的请求,奥尔汗率领军队跨过达达尼尔海峡,首次踏上欧洲的土地。作为军事援助的回报,约翰六世将自己的女儿狄奥多拉(Theodora)嫁给了奥尔汗。就这样,奥斯曼公国越过安纳托利亚,进入巴尔干。

1351年,奥斯曼公国的军队占据了达达尼尔海峡欧洲一侧的加里波利(Gallipoli)地区。1352年,奥尔汗再次穿过达达尼尔海峡,占领齐姆佩(Çimpe),获得了奥斯曼家族的第一个欧洲据点。当时,被内战撕裂的拜占庭帝国只能退守大约西起黑海港口布尔加斯(Burgas)东至斯特鲁马河(Struma)以南的一片土地,此外,还有萨洛尼卡(Salonika)周围的一小块区域,以及尤博亚(Euboea)、阿提卡(Attica)和摩里亚(Morea)的一块飞地。而巴尔干半岛的其余部分则在塞尔维亚人的统治之下。

1355年,斯蒂芬·杜尚去世,塞尔维亚王国陷入旷日持久的内战,保加利亚、阿尔巴尼亚、波斯尼亚以及拜占庭统治下的色雷斯纷纷独立割据。除了本土的政治力量,外来军队和政治集团也加入到争夺地区霸权的队伍中,有从黑海北岸袭来的高加索地区的突厥军队,也有从安纳托利亚来的突厥公国雇佣军团,还有加泰罗尼亚的欧洲雇佣军,以及来自威尼斯和匈牙利的军队。巴尔干群雄逐鹿的局面,让奥斯曼公国的穆拉德一世(Murad I, 1326—1389)看到了机会。

三、逐鹿巴尔干

1362年,穆拉德一世征服了拜占庭帝国的重要城市亚得里亚堡(Adrianople),并于1365年将其更名为埃迪尔内(Edirne),且定为首都,以此作为进军巴尔干的基地。自此,奥斯曼公国的重心移到了欧洲。

1387年,穆拉德一世的军队攻陷了马其顿的重要城市塞萨洛尼基(Thessaloniki),拜占庭帝国在不断受到包围和夹击的情况下,为换取军事支持,实际上已臣服于奥斯曼公国。

奥斯曼公国在巴尔干势如破竹,巴尔干各国的君主们决定联合抵抗。1388年,塞尔维亚王国拉扎尔一世(Lazar I, 1329—1389)、波斯尼亚公国特沃托一世(Tvrto I, 1338—1391)和维丁

保加利亚大特尔诺沃城堡遗址。大特尔诺沃是保加利亚的古老城市，1393年被奥斯曼军队占领。

王国伊凡·斯特拉西米尔（Ivon Stratsimir，约1324—1396）在尼斯（Niš）西部的一个小村庄普洛科尼克（Plocnik）大败穆拉德一世的军队。

1389年6月，穆拉德一世在其基督教属国的帮助下，在科索沃战胜塞尔维亚和波斯尼亚的军队，但其本人在这场血腥战斗中被一个塞尔维亚人所杀。这是历史上著名的科索沃战役，它对奥斯曼帝国具有决定性意义。科索沃战役的胜利让他的继任者巴耶济德一世（Bayezid I，1360—1403）拥有了征服巴尔干的深厚底气，为奥斯曼帝国在巴尔干半岛持续五百年的统治奠定了基础。

穆拉德一世死后，安纳托利亚的突厥君主们纷纷宣布放弃与奥斯曼公国的同盟。1390年，巴耶济德一世联合拜占庭，以及塞尔维亚、保加利亚、阿尔巴尼亚等巴尔干属国的军队，扫平了安纳托利亚地区的突厥国家。这一次，奥斯曼公国是以一个强大巴尔干国家的身份，向安纳托利亚发起了进攻，并完全控制了安纳托利亚。

科索沃战役后，塞尔维亚、保加利亚都已被奥斯曼公国征服。然而，在巴耶济德一世忙于收复安纳托利亚的时候，匈牙利人联合瓦拉几亚入侵了保加利亚。瓦拉几亚占领了多瑙河沿岸的多布罗加和西利斯特拉（Silistra），匈牙利则试图征服维丁。匈牙利的举动给了巴耶济德一世采取行动的借口。1393年，巴耶济德一世从小亚细亚重返巴尔干半岛，先是将瓦拉几亚人驱逐出多布罗加和西利斯特拉，后又宣布多瑙河地区的保加利亚因无法自保而成为奥斯曼的一个行省。

在这一时期，统治拜占庭帝国的巴列奥略家族（the Paleologi family）为拯救帝国作出了重新统一基督教两大教派的承诺。在威尼斯的帮助下，他们还极大地加强了对摩里亚地区的控制。起初，巴耶济德一世诉诸外交，将包括拜占庭皇帝在内的所有属国召集到塞雷斯（Serres），希望强迫他们承认其霸主地位，但拜占庭的皇帝没有出现。1394年，巴耶济德一世因此围攻君士坦丁堡，派军队进入了摩里亚。

面对巴耶济德一世咄咄逼人的攻势,威尼斯和匈牙利感到前所未有的危机,决定联合其他政治力量派遣十字军。1396年,由匈牙利国王西吉斯蒙德(Sigismund,1368—1437)指挥,包括法国勃艮第(Burgundy)的大公以及英格兰、苏格兰、瑞士等地骑士在内的十字军与奥斯曼军队在多瑙河畔的尼科堡(Nikopol)展开决战。最终,巴耶济德一世赢得了胜利,将维丁王国变为奥斯曼的一个行省。

在接下来的几年内,奥斯曼军队集中精力打击并摧毁了摩里亚等希腊小国的领地。到1400年,在巴尔干半岛,拜占庭帝国只剩下大城市及其周边地区。除了达尔马提亚海岸和摩里亚的一些城市外,巴尔干大部分被划为奥斯曼的行省,处于其统治之下,此时的奥斯曼已经是一个名副其实的帝国了。如果不是帖木儿帝国的入侵迫使其回到安纳托利亚,巴耶济德一世可能实现对巴尔干半岛的统一。

四、继承人之战

帖木儿帝国是14世纪崛起于中亚河中地区的一股新的蒙古势力,鼎盛时期疆域东起北印度、西达幼发拉底河、南濒阿拉伯海和波斯湾、北抵里海和咸海。1402年,帖木儿(Timur,

1336—1405）在安卡拉（Ankara）打败巴耶济德一世并将其俘获。1403年，巴耶济德一世死于囚禁。

功亏一篑的巴耶济德一世为他的子孙留下了一个几近解体的国家。在安纳托利亚，胜利的帖木儿除了为奥斯曼家族保留了一定的土地，其他都悉数还给了曾归顺奥斯曼的突厥家族。在巴尔干，气数几尽的拜占庭帝国又接续了半个世纪。巴耶济德一世的儿子们则在巴尔干和安纳托利亚上演了长达十余年的继承人大战。

巴耶济德一世有四个成年的儿子，苏莱曼（Suleiman）、穆萨（Musa）、伊萨（Isa）和穆罕穆德（Mehmed）。帖木儿在安卡拉打败奥斯曼家族后，他本人既未到过安纳托利亚西部，也从未委派自己的代表到此统治，而是任命伊萨为布尔萨的埃米尔（Amir，穆斯林统治者的尊称）、穆罕穆德为曼尼萨（Manisa）的总督。苏莱曼则回到埃迪尔内，在大维齐尔阿里·森德里（Ali Cenderli）的帮助下，宣布自己为苏丹。1403年，与巴耶济德一世关押在一起的穆萨获准带父亲的遗体回布尔萨。之后，他就加入了穆罕穆德的阵营。

四位储君、三方势力与三个集团，再加上拜占庭帝国及巴尔干的君主们，相互交错扭结，展开了王位争夺战。先是穆萨为穆罕穆德攻打了布尔萨的伊萨，伊萨丧命；接着，身在欧洲的苏莱曼杀回安纳托利亚，迫使穆萨逃到了君士坦丁堡；逃到君士坦丁堡的穆萨在拜占庭和巴尔干君主们的支持下，打败了苏莱曼，而苏莱曼在逃亡途中被当地农民所杀。胜利的穆萨脱离穆罕穆德独立，但由于穆萨转而围攻君士坦丁堡，拜占庭帝国与穆罕穆德结盟。1413年，在索非亚附近，穆罕穆德迎击穆萨的军队并赢得了胜利，穆萨在战斗中丧命。在穆罕穆德一世（Mehmed I, 1381—1421）的统治下，奥斯曼帝国重新统一。不过，巩固帝国在巴尔干的统治，穆罕穆德一世及其后继者还有很长的路要走。

第二节
占领巴尔干

一、控制拜占庭帝国

1413 年,当穆罕穆德一世成为奥斯曼帝国的苏丹时,曼努埃尔二世(Manuel II, 1350—1425)统治着君士坦丁堡,米尔恰·塞尔·伯特伦(Mircea cel Bătrîn, 1355—1418)是瓦拉几亚的君主,斯特凡·拉扎雷维奇(Stefan Lazarevic, 1377—1427)依然掌管着塞尔维亚;波斯尼亚是一个独立王国,阿尔巴尼亚正在走向统一。匈牙利是一个在西吉斯蒙德统治下的尚未与奥斯曼帝国接壤的强国;威尼斯还控制着巴尔干半岛沿岸的所有土地。

谁将主宰巴尔干?

面对巴尔干半岛脆弱的均势,以及随时可能向其安纳托利亚领地发起进攻的帖木儿军队,穆罕穆德一世首先专心解决帝国内部的问题,将统一巴尔干的大业留给了他的继任者穆拉德二世(Murad II, 1404—1451)。

1421 年,穆拉德二世继位。两年后,他平定了其叔父穆斯塔法(Mustafa)父子的叛乱,为旷日持久的继承人之战画上了句号。拜占庭帝国因支持叛乱,首都君士坦丁堡被穆拉德二世围困了两个多月。1424年,拜占庭帝国以每年缴付3万金币并割让部分土地为代价,换得穆拉德二世放弃攻占君士坦丁堡的计划。1430年,穆拉德二世夺回了安卡拉战役后被拜占庭占领的塞萨洛尼基,1438年攻陷塞尔维亚的首都并将塞尔维亚纳入自己的版图,之后远征阿尔巴尼亚,将其纳入自己直接统治的区域。

至此,从多瑙河沿岸到安纳托利亚,穆拉德二世基本恢复了祖父巴耶济德一世曾占领的区域。1440年,穆拉德二世越过多瑙河、萨瓦河一线,试图夺取匈牙利控制下的边境要塞贝尔格莱德(Beograd),但没有成功。由于匈牙利的摄政和军事统帅亚诺什·匈雅提(János Hunyadi,约1387—1456)与安纳托利亚的卡拉曼(Karaman)公国结成联盟,穆拉德二世不得不两线作战。1443年,双方签订《塞格德条约》(*Treaty of Szeged*),以塞尔维亚为缓冲地带,匈牙利承诺不越过多瑙河。

1444年8月,穆拉德二世宣布退位,年仅12岁的穆罕穆德二世(Mehmed II,1432—1481)继位。匈牙利—瓦拉几亚军队乘机越过多瑙河,穿过保加利亚向埃迪尔内进军。这支军队不仅得到了教皇、拜占庭人的鼓励,还得到巴尔干君主们的支持,尤其是得到阿尔巴尼亚大公的儿子斯坎德培(Scanderbeg,1405—1468)的支持。1423年,他被父亲送到埃迪尔内做人质,后被穆拉德二世任命为科鲁亚(Krujë)的军事行政长官。

面对危急的局势，穆拉德二世不得不复出，并于1444年11月在瓦尔纳（Varna）取得了决定性的军事胜利，后于1446年5月复位为苏丹，直到1451年去世。在此期间，穆拉德二世不仅在摩里亚扩张了领土，而且在阿尔巴尼亚镇压了斯坎德培领导的反抗运动，重新确立了对塞尔维亚的统治。1448年，他在第二次科索沃战役中击败了亚诺什·匈雅提，进一步巩固了在巴尔干的统治。

到1451年，整个拜占庭帝国仅剩下首都君士坦丁堡——一个未被奥斯曼帝国攻克的孤岛。

二、攻克君士坦丁堡

1451年，重新登上王位的穆罕穆德二世将目标对准了君士坦丁堡。

君士坦丁堡建在一个呈不规则三角形的半岛上，当时人口近30万。该城北濒金角湾，南临马尔马拉海，东面隔博斯普鲁斯海峡与小亚细亚遥遥相望，只有西南面三角形的底部与陆地相连。为了在最薄弱的西南面加强防御，拜占庭帝国修筑了两道城墙，外城墙高七八米，内城墙则高约12米，两道城墙的城楼中均藏有大炮，而城外挖了约18米深的壕沟，金角湾入口处还用铁链封锁了入口的水域。

1453年4月,穆罕穆德二世率十余万士兵、调动300多艘战船,从水陆两个方向杀向君士坦丁堡,并将匈牙利人乌尔班(Urban)设计的巨型大炮陈设在前沿阵地。这种大炮长达17英尺(≈5.18米),重17吨,炮筒厚8英寸(≈0.2米),口径约30英寸(≈0.76米),所用的花岗岩炮弹重达1500磅(≈680千克)。为了将这些大炮运到前线,穆罕穆德二世用了400个人和60头牛,花了6个星期才完成。虽然这种大炮一天最多只能发射7次,但在那个时代是威力最大的火器。

在对君士坦丁堡围攻50多天后,穆罕穆德二世下令发起总攻,城墙被炸开缺口,奥斯曼帝国的士兵如潮水般涌入这座千年古城,君士坦丁堡的军民殊死抵抗,但拜占庭帝国的最后一位皇帝君士坦丁十一世(Constantine XI,1402—1453)在混战中被杀死,奥斯曼人占领了全城,拜占庭帝国就此画上了句号。穆罕穆德二世在伊斯兰世界树立起自己的威望,而他所主宰的这个来自安纳托利亚的突厥公国也由此开启了迈向横跨欧亚非庞大帝国的历史。

1457年6月,穆罕穆德二世从埃迪尔内迁都君士坦丁堡,并将其改称伊斯坦布尔。此后,用了20年的时间,伊斯坦布尔的人口恢复到20万。到16世纪末,伊斯坦布尔的人口超过70万,成为当时欧洲人口最多的城市。

三、在欧洲的扩张

攻取君士坦丁堡后，穆罕穆德二世并未放松对外征服。在此后的 28 年里，他继续东征西讨，用武力将瓦拉几亚变成了附庸国，驱逐了热那亚和威尼斯的武装力量，利用克里米亚鞑靼汗国的继承人之争迫使其承认奥斯曼帝国的宗主权，将黑海变成奥斯曼帝国的内海。

在对巴尔干的征服中，穆罕穆德二世也曾遇到强劲的对手。

首先是阿尔巴尼亚的斯坎德培。1443 年，利用亚诺什·匈雅提进攻奥斯曼帝国的机会，斯坎德培发动了一场声势浩大的阿尔巴尼亚起义。1444 年 3 月，斯坎德培召集所有阿尔巴尼亚的大公在莱什（Lezhë）成立阿尔巴尼亚联盟。在成立大会上，斯坎德培被推举为最高统帅。此后，斯坎德培着手建立正规军，并很快就集结了 8000 多新兵。一直战斗到 1460 年，斯坎德培才与穆罕穆德二世签署停战协定。但停火是短暂的，1462 年战事再起。1468 年 1 月，斯坎德培去世，战争仍未分出胜负。在他死后，抵抗活动仍在继续。直到 1479 年，阿尔巴尼亚才彻底屈服于奥斯曼帝国的统治。

其次是摩尔达维亚的大公斯特凡·塞尔·马雷（Stefan cel Mare, 1435—1504），即斯特凡三世。斯特凡 1457 年继任摩尔达维亚大公。1467 年，斯特凡三世率军队击退了匈牙利人的入侵，

阿尔巴尼亚克鲁亚古城一角。克鲁亚是阿尔巴尼亚民族英雄斯坎德培的出生地。

之后即展开与奥斯曼帝国的斗争。在大大小小三十多次战役中,最著名的有两次。

一次是"高桥战役"(the Battle of Vaslui)。1475年1月的一个清晨,斯特凡三世利用大雾弥漫的天气,率领4万精兵向正在通过瓦斯卢伊(Vaslui)地区唯一的一座高桥的奥斯曼军队发起猛攻,击溃了号称12万大军的奥斯曼军队,留下了军事历史上著名的以少胜多的案例。斯特凡三世因此名声大振,甚至被罗马教皇西克斯图斯四世(Sixtus IV, 1414—1484)封为"基督的壮士"。

另一次是"白谷战役"(the Battle of Valea Albă)。1476年5月,穆罕穆德二世亲自率领20万大军讨伐斯特凡三世。斯特凡三世率1.2万精兵迎敌。同年7月,在勒兹博耶尼(Razboieni)附近的白谷(Valea Albă)与奥斯曼军队发生激战。由于力量对比过于悬殊,斯特凡大公战败。1487年6月,斯特凡三世被迫承认奥斯曼帝国的宗主国地位,但他继续组织军队,反抗奥斯曼帝国的扩张,直到1504年去世。

第三个对手是匈牙利的亚诺什·匈雅提。1456年,穆罕穆德二世亲率15万大军出征贝尔格莱德。此前,穆拉德二世在攻打贝尔格莱德时,就是因为遭遇匈雅提而失败。1456年7月,匈雅提率领4万联军,在贝尔格莱德再次击败奥斯曼军队。在战斗中,穆罕穆德二世本人身负重伤,不得不率军撤退。贝尔格莱德保卫战也成为世界军事历史上以少胜多的著名案例。这场战役还大大延迟了匈牙利被奥斯曼帝国征服的时间。

总体上看,经过30年的扩张和征服,奥斯曼帝国的疆域得到极大的扩展。但没有了缓冲地带的奥斯曼帝国,不得不在东南西北四个方向直面白羊王朝[1]和即将崛起的萨法维王朝[2]、马穆鲁克王朝[3]以及威尼斯共和国、哈布斯堡王朝等劲敌,维护帝国疆域的任务不是变得轻松了,而是变得更为艰难了。

在穆罕穆德二世之后的两位苏丹分别是巴耶济德二世(Bāyezid II, 1448—1512)与塞利姆一世(Selim I, 1470—1520)。巴耶济德二世因为王位之争,在对外征服上比较克制,仅沿达尔马提亚海岸进行了有限的军事扩张,主要是削弱了威尼斯共和国在地中海东部的军事力量。塞利姆一世在1512年继位后为了巩固王位,将目标首先对准了在安纳托利亚依靠什叶派教徒与其对抗的哥哥艾哈迈德(Ahmed)。在解决了安纳托利亚的宗

---

[1] 白羊王朝(White Sheep Dynasty),土库曼族游牧部落在波斯建立的封建王朝。1378—1502年统治土耳其东部、波斯中西部、阿塞拜疆、亚美尼亚和伊拉克北部一带。因旗帜以白羊为标志而得名。

[2] 萨法维王朝(Safavid Dynasty, 1501—1736),即波斯第三帝国,是第三个完全统一伊朗东西部的王朝。

[3] 马穆鲁克王朝(Mamluk Sultanate, 1250—1517),是埃及历史上的一个伊克塔制封建国家,主要领土覆盖今天的埃及和利比亚。

教问题之后,塞利姆一世对中东地区发起了进攻,不仅将原属于萨法维王朝的美索不达米亚平原纳入奥斯曼帝国的版图,而且还结束了马穆鲁克王朝的统治,将埃及变为奥斯曼帝国的一个行省,奠定了奥斯曼帝国在伊斯兰世界的地位,为接下来苏莱曼大帝在欧洲的繁荣统治打下了基础。

第三节
建立以巴尔干为"核心"的帝国

一、夺得海陆霸权

1521 年,苏莱曼一世(Süleyman I, 1494—1566)攻占了坐落在多瑙河南岸的贝尔格莱德,这是巴尔干半岛上最后一个不在奥斯曼手中的重要要塞。1522 年,苏莱曼一世又攻占了罗德斯(Rhodes)和奥尔绍瓦(Orsova)。前者控制着多瑙河上的重要关口和所有重要航线,而后者对于奥斯曼帝国的海军行动以及商贸活动则至关重要。

在攻占上述战略地点之后,1526 年,苏莱曼一世发动了他在位时最重要的军事行动,渡过多瑙河,进攻匈牙利,并于当年的 8 月 29 日在莫哈奇(Mohács)一役中取得了关键性胜利。匈牙利国王拉约什二世(Lajos II, 1506—1526)战死疆场,苏莱曼一世则乘胜占领了匈牙利的首都布达(Buda)。

因拉约什二世没有子嗣,莫哈奇一役的失败让匈牙利陷入内战。在部分贵族的支持下,哈布斯堡家族的大公斐迪南(Ferdinand, 1503—1564)宣称自己拥有王位继承权。但是,另一派贵族则推举了富有的匈牙利特兰西瓦尼亚总督约翰•扎波

第二章 在征服中崛起的奥斯曼

里耶（John Zápolyai, 1487—1540），扎波里耶是西吉斯蒙德一世（Sigismund I, 1467—1548）的女婿。匈牙利从此陷入王位争夺战。直到1538年，双方才达成协议——如果约翰·扎波里耶没有子女，那么在他死后，其王位则交给斐迪南。在此期间，为避免匈牙利落入哈布斯堡王朝手中，苏莱曼一世多次围攻维也纳。

1540年，约翰·扎波里耶终于在去世前有了自己的儿子约翰·西吉斯蒙德（John Sigismund, 1540—1619）。苏莱曼一世遂宣布在布达设立行省，同时任命约翰·西吉斯蒙德为其封臣，由其母亲摄政，管理匈牙利东部各省。原来的匈牙利王国被一分为三，西部控制在斐迪南手中，中部是奥斯曼帝国的行省，东

塞尔维亚共和国首都贝尔格莱德，巴尔干地区最具战略意义的城市之一。

部则是奥斯曼帝国的附庸国特兰西瓦尼亚公国。

1547年，将更多注意力转向德国的斐迪南同意每年向奥斯曼帝国纳贡。虽然未能将整个匈牙利变成奥斯曼帝国的一个行省，但从形式上看奥斯曼帝国已经取得对整个匈牙利的控制权。在接下来的150年里，布达将成为奥斯曼帝国在欧洲的第二大行省。随着布达行省的建立，奥斯曼帝国在欧洲的疆域基本确定，其在巴尔干地区的陆上霸权已经确立。

在确立陆上霸权的同时，苏莱曼一世还在地中海与威尼斯共和国和哈布斯堡王朝展开争夺。

苏莱曼一世任用以阿尔及尔（Algiers）为据点的海盗巴巴罗萨·海雷丁（Barbarossa Hayreddin）为海军总司令。感到威胁的威尼斯人与哈布斯堡家族联盟，组成威尼斯西班牙联合舰队。1538年，双方在亚得里亚海的普雷韦扎（Preveza）展开决战，奥斯曼军队取得压倒性胜利。1540年，威尼斯与奥斯曼帝国议和。奥斯曼帝国在东地中海的霸权由此确立。

不仅如此，早在16世纪30年代，征服埃及的奥斯曼帝国就在红海一侧的苏伊士开始造船。1538年，奥斯曼帝国的舰队进入印度洋，不仅攻占了红海附近的亚丁（Aden），还在也门建立起对抗葡萄牙人的据点。在征服伊拉克后，奥斯曼帝国占领了波斯湾沿岸的港口城市巴士拉（Basrah），企图由此征服控制在葡萄牙人手中的海上要冲霍尔木兹（Hormuz），但以失败告终。

匈牙利城市埃格尔（Eger）纪念抗击奥斯曼帝国入侵的雕像。1552年9月，该城民众以少胜多抵御了奥斯曼军队的入侵。

— 五百年风云：奥斯曼帝国时期的巴尔干

奥斯曼帝国继续向东的海洋战略最终因葡萄牙人而止步于红海。

经过十代君主的征伐，奥斯曼帝国不仅成为一个疆域横跨欧亚非的大帝国，而且确立了其在地中海东部的海陆霸权。此时，奥斯曼帝国在欧洲的统治疆域涵盖了巴尔干半岛及其周边地区，包括现在的斯洛文尼亚、克罗地亚、波斯尼亚和黑塞哥维那、塞尔维亚、黑山、北马其顿、阿尔巴尼亚、科索沃地区、希腊、罗马尼亚、保加利亚、土耳其的欧洲部分，还涉及匈牙利、

匈牙利埃格尔城堡。1552 年 9 月，匈牙利民众曾在此成功抗击奥斯曼军队的入侵。

摩尔多瓦、波兰、乌克兰、克里米亚以及位于欧亚交界处的塞浦路斯、亚美尼亚等地。

二、设置行省与世袭省份

早在穆拉德一世统治时期，奥斯曼帝国对巴尔干的征服就从单纯掠夺黄金、物资和奴隶，转向对征服地的管理和治理。随着1365年征服埃迪尔内并将其作为首都，穆拉德一世将统治的中心移到欧洲，设立了第一个行省鲁梅利亚（Rumelia），任命了第一位总督。在此之前，奥斯曼帝国的行政事务都是由苏丹亲自管理的，被征服的欧洲领地也主要是通过成为附庸或建立联盟而与奥斯曼联系在一起。

随着奥斯曼由安纳托利亚的一个小公国扩张为一个横跨欧亚非的大帝国，它的疆域被划分为欧亚非三个大的行政区域，每个区域都有一位总行政长官和一位财政长官。在管理等级上，欧洲优先于亚洲，亚洲优先于非洲。这意味着奥斯曼帝国的政治重心在欧洲。欧洲疆域又被划分为多个行省，除了鲁梅利亚，还陆续设立了波斯尼亚、爱琴海群岛、布达、贝尔格莱德和特梅斯瓦尔（Temesvár）等行省。它们大都基于军事封地设立，直接隶属于中央政府，被称为"核心"行省。

奥斯曼帝国是一个绝对君权专制的传统帝国。对巴尔干地区的行省而言,苏丹是至高无上的君主,代表苏丹处理帝国事务的是大维齐尔(grand vezir,即政府中职位最高的官员),再往下是欧洲行政区的总行政长官贝勒贝伊(Beylerbeyi)、财政长官戴夫特达(Defterdar)和大法官卡迪亚斯科(Kadiasker),最后才是各行省的总督。总督管辖的行省也称为桑卡(sancak)。

除了行省,还有世袭省份(the hereditary provinces),即承认原有国王或领主的附庸国或朝贡国。大部分世袭省份或者相对较小,或者仅存在了较短的时间,但摩尔达维亚、瓦拉几亚、特兰西瓦尼亚和杜布罗夫尼克比较特殊。除了保持忠诚和进贡之外,它们享有较高的自治权,并由于自身所处地理位置的特

克罗地亚的杜布罗夫尼克,奥斯曼帝国统治时期的对外窗口。

殊性，在奥斯曼帝国的历史上扮演了非常重要的角色。

摩尔达维亚和瓦拉几亚都居住着罗马尼亚人。罗马尼亚人讲的是一种可能起源于罗马达契亚语的拉丁语。从现有的资料能确定的是，在这两个多瑙河公国的第一位君主瓦拉几亚的巴萨拉布（Basarab）和摩尔达维亚的德拉戈斯（Dragos）统治时期，罗马尼亚人就开始说这种语言了。

1391年，在米尔恰·塞尔·巴特林（Mircae cel Bătrân, 1355—1418）统治下的瓦拉几亚开始向奥斯曼帝国纳贡称臣。但两年后，米尔恰起兵抵抗。1402年，巴耶济德一世在安卡拉战败，瓦拉几亚获得了一个短暂的独立时期。1417年，在奥斯曼帝国的强大攻势下，米尔恰再次被迫承认奥斯曼帝国的宗主地位，承诺每年向其进贡。除米尔恰之外，还有多位瓦拉几亚君主未放弃对奥斯曼帝国的反抗。直到1476年，瓦拉几亚大公弗拉德·采佩什（Vlad Tepes, 1431—1476）去世，双方的附庸关系才被真正固定下来。

摩尔达维亚的情况略有不同。由于从地理位置上说，摩尔达维亚距离奥斯曼帝国在欧洲的核心区域更远，所以，尽管它屡次遭到奥斯曼帝国的强势压制，但与瓦拉几亚相比，却保持了更长时间的完全独立，直到1512年才成为奥斯曼帝国的朝贡国。双方的朝贡关系大约维持了200年。1714年，奥斯曼帝国剥夺了摩尔达维亚选举统治者的权力。随后，摩尔达维亚进入所谓的法纳尔人时期（Phanariot period），即由亲奥斯曼帝国的、说希腊语的贵族统治的时期，这种状况一直维持到大约1830年。

特兰西瓦尼亚最早出现在有关达契亚的历史记载中。9—10世纪，匈牙利人从匈牙利平原向东、经西部山区边界进入特兰西瓦尼亚。1003年，匈牙利人在此设总督，对其进行统治。特

克罗地亚的西贝尼克（Sebenico），重要的港口城市，曾先后为威尼斯共和国和哈布斯堡王朝统治。

第二章　在征服中崛起的奥斯曼

兰西瓦尼亚由此成为匈牙利王国的东部防御区。1540年，奥斯曼帝国将其变为附庸国。与摩尔达维亚和瓦拉几亚相比，特兰西瓦尼亚不仅拥有丰富的自然资源，而且缴纳的贡赋要少得多。特兰西瓦尼亚的贵族在奥斯曼帝国和哈布斯堡王朝之间左右逢源，试图建立独立的国家。1699年，特兰西瓦尼亚终于摆脱了

奥斯曼帝国的控制，但却不得不接受哈布斯堡家族的"保护"，并一直持续到1848年。

杜布罗夫尼克的前身是拉古萨（Ragusii），是一个达尔马提亚海沿岸的城市共和国。1459年至1499年间，奥斯曼帝国征服了巴尔干半岛的大部分地区，而杜布罗夫尼克是唯一的例外。直到1806年被拿破仑军队占领之前，它一直是巴尔干半岛相对独立的共和国。与上文提到的几个世袭省份相比，杜布罗夫尼克与奥斯曼帝国的关系更像是一个受保护国。

杜布罗夫尼克与奥斯曼帝国的第一次接触发生在1392年，当时奥斯曼帝国正在征服周围的土地。到1397年，杜布罗夫尼克从奥斯曼帝国获得了在巴尔干自由贸易和定居的许可，这项协定于1447年续签，1458年又签订了一个最终条约。据此，杜布罗夫尼克保持了其政权的独立性，不仅能够继续在巴尔干半岛从事贸易活动，而且凭借着其卓越的外交能力，成为唯一一个从未被奥斯曼帝国入侵的附庸国。这个城市共和国以其认为合适的方式管理自己，因而被称为"奥斯曼帝国的自治区"。

三、确立两个根基

奥斯曼帝国的全称是"受神保护的、繁荣富裕的、完全的奥斯曼家族的领地"。从这个全称即可以看出，伊斯兰教信仰和奥斯曼家族认同是帝国统治的两大根基。

首先是伊斯兰教信仰。作为来自草原的突厥部落,奥斯曼帝国的统治家族早就皈依了伊斯兰教。根据《古兰经》的要义,任何一神教的信仰者只要愿意接受伊斯兰教的最高统治,就是济米(zimmi,突厥语,即非穆斯林),将受到保护。奥斯曼帝国将这个原则制度化,变成了一种基于宗教信仰的族群自治制度,即米勒特制度(millet system)。在这个体系内,作为保护者的奥斯曼家族及其追随者成为一等公民,而受到保护的济米则须承担相应的义务。这既是奥斯曼帝国植入巴尔干的最重要的元素,也是其对巴尔干进行统治的最重要的根基。

在巴尔干,奥斯曼帝国内的穆斯林都是逊尼派,遵循的是伊斯兰教法沙里亚(Shārī'a)。但是,伊斯兰教法并不是唯一的法律。实际上,在奥斯曼帝国的征服过程中,被征服地区的法律和习俗不仅大都受到尊重,而且还得到了重新确认。这些地方法律和习俗,经苏丹认可,纳入奥斯曼帝国的法律体系,用于行省的管理,被称为卡努法(Kanuns)。大部分卡努法并没有什么新意,只不过是奥斯曼帝国承认的被征服地的旧法律,但对处于奥斯曼帝国统治下的巴尔干地区的民众而言却至关重要。

在奥斯曼帝国对巴尔干的统治中,法官卡迪(kadi)和法学家乌里玛(ulema)扮演着重要的角色。他们拥有伊斯兰教法和卡努法的最终解释权。实际上,奥斯曼帝国的法律具有非常鲜明的"地域—个体化"特点，不同个体的宗教信仰、职业、居住地、社会地位和性别决定了他或她将使用什么样的法律。

除了上述律法，浮图瓦（futuwwa）亦代表着某种行为准则，在奥斯曼帝国对巴尔干的统治中占有非常独特的地位。浮图瓦是在民间—宗教—神秘主义基础上建立起来的兄弟会的行为准则。在巴尔干，兄弟会的整体特征虽然仍是穆斯林的，但其宗教意义不断降低，并越来越多地融合了基督教、伊斯兰教及民间信仰等多重元素。在巴尔干，兄弟会与行会、骑士有着密切的联系，因而其行为准则也就变成了整个社会和正在发展的商业行会的规则，具有律法的意义。

其次是奥斯曼家族认同。奥斯曼帝国的存在与奥斯曼家族的统治紧密联系在一起。所谓的奥斯曼家族其实是一个统治集团，除了以苏丹为代表的王室家族，还有其追随者。尽管源于突厥部族的土地所有制度和习惯法已经融入奥斯曼帝国在东南欧的制度和法律之中，但是，作为种族的"突厥"并未给奥斯曼帝国带来根本性的影响。奥斯曼帝国并未形成一个"突厥"族群，而突厥语也未成为在帝国范围内普遍使用的语言。相反，以苏丹为首的统治家族更多地自称为"奥斯曼人"，在统治集团中使用一种以突厥语为基础，融合了波斯语和阿拉伯语的行政语言——"奥斯曼语"。

与此同时，在帝国疆域内的东南欧各原初民族则都保留着

第二章 在征服中崛起的奥斯曼

自己的语言,不同程度地受到希腊语和拉丁语文化的影响。作为对突厥人的本地化称呼"土耳其人",在很长时间里都是对农民和牧民的蔑称。至于职业奥斯曼人虽表面上看类似欧洲的贵族,犹如一个"政治民族",但他们其实不过是苏丹的奴隶。

不过,需要说明的是,奥斯曼帝国虽将伊斯兰教奉为国教,但并未在巴尔干推行强制皈依,未在巴尔干形成类似于拜占庭帝国的东正教那样的文化影响。奥斯曼帝国的确在特定历史时期和特定区域施行过强制将儿童带离父母,改变其宗教信仰的德夫舍梅(devrsirme)制度,但主要目的是为奥斯曼帝国的职业奥斯曼人补充和培养力量,也被称为"儿童税"。德夫舍梅制度主要针对的是信仰东正教的斯拉夫人,对巴尔干地区整体的宗教信仰影响有限。

五百年风云——奥斯曼帝国时期的巴尔干

第三章
帝国的统治

第一节 等级化的社会管理

第二节 城乡分离的经济模式

第三节 多元不统一的文化

一般来说，作为地名的"巴尔干"在14世纪初并不存在，后来所称的巴尔干多指由奥斯曼帝国统治过的东南欧地区，巴尔干这一概念被广泛使用是从20世纪开始的。来自小亚细亚的突厥公国利用拜占庭的衰落，在巴尔干的"列强"纷争中胜出，并且成为拜占庭帝国在巴尔干的实际继承者——奥斯曼帝国。在奥斯曼帝国的统治下，巴尔干地区在政治、经济、文化等多个层面都"奥斯曼化"了。

第一节 等级化的社会管理

一、穆斯林与济米

奥斯曼帝国按照宗教和职业对民众进行等级化管理，细密的组织网络覆盖了巴尔干地区社会生活和国家活动的方方面面，清晰地界定了每个人的社会地位。从苏丹到底层民众，每一个人都有自己确定的位置，权利和义务都是固定的。只要帝国的权力足够强大，每一种权利都能得到保障，每一种义务都能得到严格执行。

第三章　帝国的统治

奥斯曼帝国大体按两种方式对民众进行区分。首先是依宗教将居民分为穆斯林和济米,两者大致为正式臣民和二等臣民之间的区别。

生活在巴尔干地区的穆斯林主要包括两部分,即突厥移民和皈依者。奥斯曼帝国开始对欧洲的征服后,遂将一部分突厥人移民欧洲,他们主要定居在现今土耳其的欧洲部分。之后,随着奥斯曼帝国在欧洲的统治逐步稳定,更多的穆斯林从小亚细亚移民巴尔干,主要分布在军事主干道、要塞和重要的城市,少数定居乡村的穆斯林主要是有封地的军官和政府官员,以及皈依的斯拉夫人、希腊人、阿尔巴尼亚人等。

穆斯林逐步在巴尔干地区占据人数优势,甚至还出现了像萨拉热窝(Sarajevo)这样全部为穆斯林的城市。但是,在巴尔干也有几乎没有穆斯林的地方,比如雅典。信仰东正教、天主教、犹太教及其他异教的人,可以在相应的米勒特中,按照原来的宗教信仰生活。

米勒特是区分穆斯林与济米的制度。早在中世纪,查士丁尼就曾针对犹太人采取过类似的制度,奥斯曼帝国的米勒特制度专门针对非穆斯林。从某种意义上说,米勒特制度也可视为一种基于宗教信仰的少数民族自治制度。从1453年开始,穆罕穆德二世针对巴尔干的相关立法中就有两个米勒特,即东正教米勒特和亚美尼亚米勒特。另外,还有一个犹太教米勒特。不过,这个米勒特虽然直到 1839 年才被"官方承认",但从 1453 年起,它就实际存在并一直发挥着作用。

每个米勒特都有自己的宗教领袖,即米勒特巴塞(millet başi)。在巴尔干,最大的米勒特是东正教。为了得到东正教教徒的更多支持,穆罕穆德二世在创建东正教米勒特时选择根纳狄乌斯(Gennadius)担任第一任米勒特巴塞。根纳狄乌斯是一位学养深厚的神学家,以反对罗马天主教著称。穆罕穆德二世任命他为巴尔干东正教米勒特的最高行政首脑,提升他为巴尔干东正教牧首。根纳狄乌斯成为奥斯曼统治下巴尔干地区的统一东正教教会的主人,对苏丹所有东正教臣民的行为和忠诚负责。有研究表明,从任命根纳狄乌斯到奥斯曼帝国终结,共有 159 人获得了牧首地位,而且有的人还担任了不止一次。

与东正教牧首同时任命的还有犹太教的祭司摩西·卡萨利(Moses Kapsali, 1420—1495),犹太人从此获准在伊斯坦布尔定居。摩西·卡萨利由苏丹任命,但其继任者则全部由犹太教信徒选举产生。此外,犹太教群体还有权任命自己的卡亚(kâhya,行省官员),由他们代表犹太人与中央政府对话。生活在奥斯曼帝国统治下的巴尔干犹太群体主要分为两类:一类是在奥斯曼帝国征服前就已经生活在这片土地上的犹太人;另一类是奥斯曼帝国征服后移民至此的犹太人。犹太移民又根据原籍和母语分为塞法迪(Sephardic,西班牙犹太人)和阿什凯纳兹

（Ashkenazi，德国犹太人）。其中，塞法迪因数量更多，且多为宫廷提供医疗和翻译服务，所以地位比较高。萨洛尼卡、埃迪尔内以及索非亚都成为重要的西班牙犹太人中心。

亚美尼亚米勒特的情况比较特殊，这个米勒特融合了生活在奥斯曼帝国，但又不适合其他两个米勒特的各种分裂教派和异教徒。1461年，苏丹任命霍拉希姆（Horaghim）为伊斯坦布尔的亚美尼亚牧首，他不仅拥有其他米勒特巴塞拥有的所有权利、荣誉、特权和义务，而且领导着不隶属于其他两个米勒特的苏丹的臣民。

各米勒特的牧师、教士按等级在不同的教区行使教会职权，同时还被赋予较大的行政和法律职能，如依据教会法审理有关宗教信仰及婚姻继承案的司法权力。与之相应，教会还有某些治安权。这样教会体系成为与官方行政体系平行的一个管理体系。

二、职业奥斯曼与雷亚

第二种区分奥斯曼社会的方式是按照是否有公职划分为职业奥斯曼（professional Ottomans）和雷亚（the reaya）。

职业奥斯曼是担任公职的人，他们一出生即为穆斯林或者是皈依的穆斯林，有一部分米勒特中的领导者也被视为公职人员。职业奥斯曼可以分为三类。

第一类是中央官员，主要承担与宫廷活动有关的职责，有数千人。根据皇宫的区域，他们又分为内廷官员和外廷官员，前者主要负责宫廷内部事务，后者则主要负责宫廷的对外事务。内廷官员服务于苏丹的私人领地；外廷官员，相当于奥斯曼帝国的中央行政人员。外廷官员中地位最高的是大维齐尔，最重要的机构是帝国议会。帝国最重要的显贵都在议会任职，除了大维齐尔，还包括前文提到的各大洲的总行政长官、大法官、财政部长以及指挥禁卫军和海军的长官。除此之外，外廷官员

罗马尼亚古城锡吉什瓦拉（Sighisoara），曾是特兰西瓦尼亚重要的手工业城市。

第三章　帝国的统治

还包括相关的文官及工匠等服务人员，内廷官员亦有可能被调到皇宫外履行相应的行政或军事职责。

在实施德夫舍梅制度（devshirme, 也有译作德米舍梅）后，中央官员都由皈依的穆斯林担任。他们是来自基督教家庭的宫廷奴隶，经过专门学校的培训后在内廷工作，表现优异的会成为外廷或行省最具实权的人物。包括大维齐尔在内，大多数议会成员都是曾在内廷接受教育的宫廷奴隶。

第二类是军人，包括有封地的、自由民出身的蒂玛尔利（timarlı）和拿俸禄的奴隶军马斯雷（maaslı）。

蒂玛尔利是出生即拥有自由身份的人，是从统治家族或

声名显赫、拥有封地的加齐中招募来的自由军人，他们在军队中担任骑兵西帕希（sipahi），但也需要管理封地上的农民，向农民征税，并在遇到战事的时候带兵出征。蒂玛尔利根据封地的大小分为不同的等级，拥有的封地越多，其地位越高，供养的士兵数量也越多，被供养的士兵多为济米。济米包括阿金基（akıncı），是在欧洲行省的突厥人中长大的志愿兵，专门负责侦察和突袭，靠战利品为生，表现突出的有机会成为蒂玛尔利；因执行常规军事任务亦被看成是军人阶层的济米。还有亚亚（yaya）和皮亚德（piyade），他们拥有少量的土地，是为了免税而服兵役的人，多充当骑兵执行军事任务。

马斯雷是由宫廷奴隶担任的骑兵、工兵和炮兵。其中，最有名的就是奥斯曼帝国的常备部队禁卫军（janissary），他们代表着帝国乃至欧洲最好的战斗力量。

第三类是学者，又被称为乌里玛，是法学家和在高等学校培养职业奥斯曼人的专职教师。

奥斯曼帝国的司法系统是一个等级系统。在巴尔干地区，伊斯坦布尔、布尔萨和埃迪尔内的等级最高。各行省都有自己的法官，其辖区又分为多个司法管辖区，每个司法管辖区都有一名法官任命的奈布（naibu，副法官），负责辖区内的法律事务。学校也是分等级的，由穆罕穆德二世和苏莱曼一世建立的学校最有声望。法官和教师都是职业奥斯曼。尽管每所学校只有一名正式教师，但是可以任命助教。

职业奥斯曼仅占总人口的10%，剩下90%都是雷亚。雷亚大都是济米。他们是农民、牧民、手工业者和商人，多数生活在巴尔干的乡村和市郊，为帝国的存续提供着物质基础。

农民和牧民生活在乡村，靠租种土地和放牧为生，主要义务就是纳税，其地位是雷亚中最低的。除了农民和牧民，其他的雷亚与职业奥斯曼一样，都生活在城市。其中，最底层的是在当地的市场里提供服务的小商小贩，上一层是工匠，最上层是大商人图卡（tüccar），负责经营帝国内部贸易以及进出口贸易。根据不同的信仰，他们分别居住在相应的行政区域中。虽然穆斯林和济米的比例因城而异，但是穆斯林享有一定的税收优惠，居住条件更好，相同职业的人不仅归同一个行会管理，甚至在市场中的同一个区域工作。

宗教信仰和职业划分将每一个人固定在一个区隔之中。每一个生活在奥斯曼帝国的人至少承担着一种直接有益于国家的职责，甚至那些处于社会边缘的人也能在相应的区隔中成为有用的人，参与到服务国家的整体机制中去。比如吉卜赛人和其他无明显固定职业的人。这些人与游牧民族一样，无法很好地融入奥斯曼帝国的社会金字塔，总是面临被迫搬迁或被安置到"有用"职业中的压力。而一旦某个特定个体被固定在一个区隔中，那么他和他的子孙将永远属于这个区隔所界定的阶层。

当然，在巴尔干地区，奥斯曼帝国的等级化社会管理也存在一些例外，如匈牙利—克罗地亚地区。在这一地区的草原城镇和边疆，社会发展逐步形成一套没有穆斯林定居者，也没有帝国官员的自治规则，其主要职责就是交税。希腊本土也有一些类似的自治地区。

三、苏丹与大维齐尔

在奥斯曼帝国的等级化社会管理中，处于权力"塔尖"的就是苏丹。奥斯曼帝国的苏丹均来自奥斯曼家族，主要依靠血亲继承。

奥斯曼帝国是"奥斯曼家族的领地"。按照伊斯兰教法，苏丹的权力是无限的。他拥有其领地上的每一寸土地，并且绝对主宰着生活在这片土地上的每一个人。从这个意义上说，苏丹拥有传统突厥部落首领的绝对权力，可以随意任免任何人，甚至可以下令处决最高官员并没收他们的财产。未经他的批准，任何人不得采取任何行动。伴随着绝对权力而来的是义务，这是针对统治者的法度。苏丹也要按照既定的传统，公正、仁慈地对待臣民和追随者。

从奥斯曼帝国的第二位首领奥尔汗开始，奥斯曼帝国的王子们就接受了当时社会所提供的最好的教育，在经验丰富的行政人员的指导下担任各行省的总督，有时也担任其他职务。因此，当登上王位时，他们知道该如何应付帝国面对的问题。在苏莱曼一世之前，每一个奥斯曼家族的王子都是王位候选人，这导致他们及其追随者间相互竞争，频繁引发内战。

这种混乱的局面在苏莱曼一世时戛然而止，因为他采用了阿拉伯—伊斯兰的继承模式，即将王位传给家族中健在的年龄最长的男性。但是，这种新做法又带来了西方文学中所称的"金笼"问题，所有继承人自出生就被隔离在伊斯坦布尔的后宫，只有当上苏丹的人才能"重见天日"。而在后宫，王子们整日生活在虚幻的奢华世界中，围绕左右的都是女人和宦官。等到真正继承王位的时候，大都年过而立且缺乏训练，既没有作为苏丹应有的远见卓识，也没有处理现实危机的能力。

与苏丹在权力金字塔中作用的下降相适应，大维齐尔在帝国权力体系中的地位不容小觑。大维齐尔由苏丹任命，是政府中职位最高的官员，从奥尔汗任命第一个大维齐尔起，直到1861年11月苏丹阿卜杜勒·阿齐兹（Sultan Abdülaziz, 1830—1876）废除这个职位，共有178人担任过大维齐尔。其中，有些人还担任了不止一次。他们平时负责主持帝国议会，战时则代替苏丹出征，俨然是苏丹的"代理人"。

虽然有威望、有权力，但是这个职位也充满风险。在奥斯

曼帝国存续期间,有6位大维齐尔在战斗中丧生,3位遭到暗杀,21位被苏丹处决,只有22位大维齐尔在任职期间自然死亡。大多数大维齐尔的任期都不到一年,最少的甚至只有几个小时。不过,森德里(Cenderli family)和科普鲁卢(Köprülü family)两大家族还是分别开创了属于自己的维齐尔时代。

森德里家族来自奥斯曼的统治集团,拥有雄厚的经济实力,在1359年至1499年共有6位家族成员担任大维齐尔。其中,第一位担任大维齐尔的卡拉·哈利尔(Kara-Halil, 1360—1398)服务于穆拉德一世,在任25年。他的儿子阿里·森德里继任18年,在王位之争中曾帮助苏莱曼称苏丹。哈利尔·森德里(Halil Cenderli, 1387—1453)在任23年,终因卷入派系之争,反对攻打君士坦丁堡,被穆罕穆德二世以叛国罪处死。

1656年,穆罕穆德四世(Mehmed IV, 1642—1693)任命穆罕穆德·科普鲁卢(Mehmed Köprülü)为大维齐尔。科普鲁卢家族的祖先是早年间被迫来到小亚细亚定居的阿尔巴尼亚人。穆罕穆德最初在内廷担任糕点师,他从这个卑微的位置上起步,逐步成长为地方行政长官。担任大维齐尔时,他已经70岁了。受命于奥斯曼帝国由盛转衰的关键时刻,他从治理腐败入手,重建了秩序。此后,他的儿子艾哈迈德·科普鲁卢(Ahmed Köprülü, 1635—1676)和侄子卡拉·穆斯塔法(Kara Mustafa, 1634—1683)先后担任大维齐尔。1682年,卡拉·穆斯塔法率

20万大军围攻维也纳,但因战术错误,攻城失败,被苏丹处死。

科普鲁卢家族终究未能挽救已经衰落的帝国。但是,等级化、网格化的社会管理已成为奥斯曼帝国在巴尔干维持近500年统治的重要密码。

第二节
城乡分离的经济模式

一、乡村与土地

在巴尔干，90%的人口生活在乡村。对乡村来说，最重要的就是土地。奥斯曼帝国的土地主要分为三类：米芮（mırı）、穆克（mülk）和瓦克夫（vakıfs）。米芮即国有土地，从理论上说，奥斯曼帝国的所有土地都是米芮，包括蒂玛尔利的封地；穆克是早期被突厥穆斯林占有的土地，或苏丹赠予私人的土地，这一类土地的数量非常少；另一类是基于特定目标、经苏丹允许设立宗教及公共设施的用地或预留地，即瓦克夫。乡村最主要的土地就是蒂玛尔利的封地，被称为蒂玛尔（timar），集军事、农业生产、税收与地方执法为一体的蒂玛尔制度，决定了乡村的基本面貌。

除了少量游牧民，生活在乡村的主要是农民。与西欧不同，奥斯曼帝国没有农奴，其军事封地是基于宣誓效忠的土地制度，蒂玛尔利和农民都直接臣服于苏丹。蒂玛尔利没有土地财产权，仅享有土地使用权，死后土地须归还国家，其权利是有限的。农民的义务则是清晰和相对固定的。奥斯曼帝国每隔一段时间都会进行人口普查,统计纳税人口的数量,并确定每个人的纳税负担,一旦数额确定,会保持到下一次人口普查,这个时间通常是十年。因此,每一个农民都知道自己欠"蒂玛尔利"和帝国多少,并可以据此谋划。

土地的基本单位称为齐夫特(çift),一个齐夫特就是一块最小的蒂玛尔,其持有者有义务随时待命出征。每一个蒂玛尔利持有的封地中都有一个特定的部分,由蒂玛尔利直接使用,以满足其基本生活需求。蒂玛尔利去世后可以将这块土地传给大儿子,如果蒂玛尔足够大,其他儿子也可以分得一部分。蒂玛尔制度保证了军人阶层的稳定。

拥有私有土地的农民并不多,但每一个农民都有权租用各种类型的土地。租地只要合理使用并交税,农民就可以将其继承给子女,而且不用交遗产税。如果没有孩子,土地还可以由死者的父母、兄弟,甚至姐妹继承。只有找不到继承人的土地才会被转让。据此,农民的土地使用权得到了保障,没有人能随便将农民从土地上赶走,而农民也不会随便离开自己的土地,除非他能找到一个人来接管。

农业用地主要产出的是谷类、蔬菜、水果及动物产品。在巴尔干的乡村,除了生产羊毛、皮革和类似的副产品以外,几乎不种植"经济作物"。所有谷类作物、干草、水果、蔬菜以及牲畜都必须按照收获的十分之一交税。除了基本的什一税,对

大麦、小米、燕麦和黑麦还要征收高达 25% 的收成税。此外，生活在乡村的农民还要交人头税，这也是每一个济米都必须缴纳的税。根据 1572 年的一组统计数据，来自乡村的人头税占整个欧洲行省人头税税收的 90%，而人头税在欧洲行省的所有税收中约占 42.3%。加上土地税、农业税，乡村担负着巴尔干地区近七成的税收收入。

尽管有沉重的赋税，但对巴尔干地区的农民来说，只要能够通过自己的劳动获得报酬并维持生计，这样的生活尚能继续。然而，在奥斯曼帝国统治的后期，不断加重赋税，加上匪徒抢劫和骚乱，农民的生活最终走向破产。

二、城市与行会

城市虽然仅聚集了巴尔干地区大约 10% 的人口，但却是经济繁荣的风向标。在奥斯曼帝国到来之前，巴尔干地区已经拥有众多繁荣的城市，它们的建立最早可以追溯到希腊时期的卫城。自 1326 年占领布尔萨，奥斯曼帝国对每一个被征服的巴尔干城市都非常重视，不仅基本保留了城市原有的布局与设施，而且努力维护城市在手工制造业和商业贸易中的地位。

奥斯曼帝国统治下的巴尔干城市主要分布在重要的军事通

道和商业干道沿线。除了少数由瓦克夫发展而来的后建城市，大部分接管城市都因自身地理位置的重要性在罗马或拜占庭时期就已经成为中心城市。对于接管城市，奥斯曼帝国通过增加学校、市场及清真寺，为它们增添了突厥化或伊斯兰化的色彩。奥斯曼帝国对于等级化秩序的追求亦反映在城市的管理中。

奥斯曼帝国统治下的巴尔干城市多围绕着重要的清真寺或大型市场，由数目不等的独立行政区组成。这些独立的行政区称为马哈勒（mahalle），通常由沟壑或城墙等天然障碍物相互隔开。城墙是没有窗户的房屋背面，城门在晚上是关闭的。一个马哈勒一般有25到50间房屋，但像伊斯坦布尔、埃迪尔内、雅典这样的大城市，一个马哈勒的房屋数量要多得多。穆斯林、基督徒和犹太人居住在不同的马哈勒，每一个马哈勒都有负责安保的人员，如果足够大，还会有自己的礼拜场所、牧师、咖啡馆、公共浴室和小市场。

城市建筑的规制和分区有严格的规定。一般情况下，公共建筑比私人住宅高，市中心的商店和手工作坊比郊区的高，清真寺比基督教教堂高，穆斯林的住宅比济米的高。城市越大，清真寺和其他公共建筑的数量就越多。学校、浴室、喷泉、客栈满足了人们的日常需求，清真寺服务于人们的精神需求，医院解决了人们的健康问题，市场决定了人们的生活水平和城市的繁荣程度。

城市中的各种活动主要由行会管理。行会的成员包括商店和手工作坊的雇主、有职业牌照的工匠、熟练工、学徒以及小商小贩。尽管生活在不同的马哈勒，但不管属于哪一种米勒特，同行都属于同一个行会。行会除了具有经济功能外，还具有社会道德功能，像一个慈善团体，成员相互照顾，为有需要的人提供帮助。不过，行会也是有等级的。会长通常由兄弟会的会长谢赫（Şeyh，长老）担任，此外还会从雇主中选出负责采买、定价及处理纠纷的管理者。

一个特定行会中的雇主数量是有限的，一旦达到上限，将不再吸收新的会员。这种安排最终成为城市经济发展的障碍。不仅如此，行会的利润也是有限度的，一般限制在10%以内，这也在一定程度上影响了行业的创新和发展。

城市的居民也要交税。首先，所有人都要为住房和工作场所缴税。如果是济米，还要缴纳人头税；其次，要为获得的每一份许可文件支付额外费用。此外，结婚要交许可费，继承要交许可费，达到一定年龄未婚也要支付一定的费用。如果遇到新苏丹继位或者战争，还要缴纳特别税。

三、商人与贸易

通常认为,奥斯曼帝国是一个非常不注重贸易的帝国。但是,奥斯曼帝国的官方名称中包含"繁荣昌盛"这个形容词,生产性工作不仅被视为一种宗教和公民义务,而且是对统治者忠诚的保证。不仅如此,与国家的不断扩张联系在一起的还有对经济利益的追求。

奥斯曼帝国依托军事干道和主要通道形成了贸易网络。奥斯曼帝国在巴尔干地区的道路多是古罗马时期修建的,兼有军事和商业价值。

帝国的主要道路从伊斯坦布尔开始,通向埃迪尔内,并由此向四个方向延伸。第一条是北线,穿过多布罗加到达多瑙河入海口,继而沿普鲁特(Prut)到摩尔达维亚北部边境,进入波兰境内;第二条是南线,通往加里波利;第三条是中央干道,从埃迪尔内到普洛夫迪夫、索非亚、尼斯、贝尔格莱德和布达,是非常重要的商业和军用道路;第四条则向南延伸至塞雷斯、萨洛尼卡、莫纳斯提尔(Monastir)和奥赫里德(Ohrid),到达亚得里亚海的都拉斯(Durrës)。第四条干线连接着伊斯坦布尔—埃迪尔内和尼斯—贝尔格莱德—布达,是一条极其重要的贸易路线,它在索非亚附近的帕扎尔季克(Pazardzhik)分为两路,一路经过斯科普里、科索沃、萨拉热窝、莫斯塔尔(Mostar),在到达杜布罗夫尼克之前入海；另一路从主干道岔开。此外，还有一条主要的商业"干道"，即多瑙河，流入多瑙河或通往爱琴海的河流也是重要的贸易路线。

除了对贸易通道的打造，奥斯曼帝国对贸易的态度还反映在图卡的特殊地位上。在奥斯曼帝国的欧洲行省中，图卡属于小"上层阶级"，他们的队伍中有突厥人、希腊人、塞尔维亚人、犹太人以及少数亚美尼亚人。为了支持图卡的贸易活动，对其进行约束的各种规则和条例基本都参照了西欧的贸易和商业法

塞尔维亚诺维萨德（Novi Sad），奥斯曼帝国统治时期著名的商品集散地。

律。实际上，图卡可以根据自己的意愿自主地管理自己的事务。图卡在帝国范围内对原材料、食品和制成品进行调配，从事进出口贸易，为上层阶级提供奢侈品。不仅如此，图卡还为帝国经济"贡献"了丰厚的关税和通行费。

图卡主要集中在伊斯坦布尔、埃迪尔内、雅典、萨洛尼卡、萨拉热窝、贝尔格莱德等几个主要贸易中心，多瑙河或爱琴海沿岸的主要港口城市也是非常重要的图卡据点。图卡拥有可观的流动性财富，但除了自己的住房和避暑别墅外，几乎没有真正的不动产。在帝国后期，当行会无法满足某些商品的需求时，图卡就凭借自己拥有的财富，建立了一套"外包加工体系"。这一体系将家庭手工业的形式扩展到农村，最终瓦解了帝国的行会。然而遗憾的是，这个外包加工体系未能发展成真正的工业体系。

图卡虽然是每个城市最重要、最有影响力的居民之一，但由于追利逐益，并不受欢迎。在帝国后期，图卡的地位大幅下降，很多人凭借拥有的财富转而当上了包税农，成为唯一能够跻身奥斯曼帝国行政机构的雷亚。

图卡唯一的竞争对手是履行同样职责、住在同一个城市的其他商人，他们不是苏丹的臣民，但享有域外豁免权。这些商人大多来自杜布罗夫尼克，但也有一些来自达尔马提亚的其他城市，他们拥有自己的马哈勒，且不受地方当局管辖，有权按

1566年竣工的波黑古城莫斯塔尔的石拱桥,由苏莱曼一世下令修建。

照本国城市的法律组织和管理自己的社区。与图卡一样,他们属于大型且往往非常复杂的商业机构,但他们的总部、银行和其他信贷来源都不在苏丹的管辖范围之内。这让他们的马哈勒看上去更像是一块位于城中的"殖民地"。乡村、城市以及将它们联系在一起的图卡,共同构成了奥斯曼帝国统治下巴尔干的生活图景。

第三节

多元不统一的文化

一、法纳尔人与希腊文化

在奥斯曼帝国对巴尔干地区秩序井然且略带乏味的统治过程中,基于不同族群、不同信仰、不同历史,甚至不同语言的多样文化,在各种相对区隔中各自发展。除了穆斯林及其伊斯兰文化,在奥斯曼帝国到来之前生活在巴尔干的希腊人、罗马尼亚人、塞尔维亚人、保加利亚人、克罗地亚人所创造的希腊文化、基督教文化、斯拉夫文化,以及随着奥斯曼人到来的犹太人及其犹太文化,都在不同程度上保存了下来。

与奥斯曼帝国的其他欧洲基督教臣民相比,希腊人享有诸多优势。当谈到他们的文化活动时,其中最重要的是其悠久的文化传统。奥斯曼帝国进入巴尔干之后,大量希腊人向外迁移并在帝国之外展示了旺盛的创造力,贡献了诸多有世界意义的文化成果。在奥斯曼帝国统治下生活的希腊人,在帝国统治的前期,几乎停止了所有的文化活动,识字率大幅下降,甚至牧师都变成了文盲,文化创作只剩下在通俗歌曲和民谣中保存并展现出来的民间故事。直到18世纪,随着法纳尔人的崛起,希腊文化在帝国范围内才开始产生影响。

法纳尔人起源于伊斯坦布尔的希腊社区，即法纳尔区。最初在这里居住的都是有一定地位的希腊家族，他们主要从事贸易活动，并为奥斯曼帝国的中央政府提供金融、语言等技术服务，逐步确立了其在政治经济活动中的垄断地位。17世纪下半叶，日渐衰落的奥斯曼帝国不得不采取更多外交手段来应对哈布斯堡王朝、波兰王国以及正在崛起的沙皇俄国，这为法纳尔人及其所代表的希腊文化在帝国范围内产生影响提供了条件。

1673年，曾在西欧学习法律和医学的法纳尔人亚历山大·马夫罗科达托斯（Alexander Mavrocordatos, ？—1709）掌握了奥斯曼帝国的对外事务大权，直到1709年去世。这一时期，法纳尔人就成了奥斯曼政府的"初级合伙人"。在17世纪的最后三十年里，包括马夫罗科达托斯家族在内的多个法纳尔家族的成员曾被奥斯曼帝国任命为摩尔达维亚和瓦拉几亚的君主，法纳尔人在两个多瑙河公国的地位变得至高无上。在统治罗马尼亚领地的法纳尔家族中，有杜卡（Duca）、吉卡斯（Ghica）、罗塞提（Rosetti）以及曾统治拜占庭的古老家族坎塔库泽尼（the Cantacuzene）。

希腊家族的崛起吸引了众多追随者，他们多为商人和神职人员，讲希腊语，但不一定是希腊人。他们与具有一定政治地位的希腊家族，共同构成奥斯曼帝国内一个有权势的小圈子。

第三章 帝国的统治

尤其是在摩尔达维亚和瓦拉几亚，法纳尔人并不仅仅指希腊人，还代表一群说希腊语，但可以是任何出身和民族的人。到 17 世纪中叶，在多瑙河公国，希腊语已经取代斯拉夫语成为公国的教会语言。

在奥斯曼帝国的欧洲疆域内，基于法纳尔人在权贵中的影响，一部分希腊人获得了某些特权，这种新的发展态势产生了相应的文化结果。亚历山大·马夫罗科达托斯的儿子尼古拉斯·马夫罗科达托斯（Nikolaos Mavrocordatos, 1670—1730）是多瑙河公国的第一位法纳尔君主，也是一位著名的作家，他的小说《哲学家帕勒加》（*Parerga of Philotheos*）被认为是希腊复兴的第一个表现。这部作品的重要性就在于其内容反映了出现在西欧的新思想。

这种不断增长的启蒙精神和民族复兴意识催生了一批重要人物，如阿扎曼蒂奥斯·科拉伊斯（Adamantios Koraïs, 1748—1833），他是希腊政治启蒙运动的主要代表，是第一位接受语言学训练的希腊人，被誉为现代希腊文学语言之父。另外，里加斯·维列斯迪利斯（Rigas Velestinlís, 1757—1798）在移居维也纳之前服务于法纳尔人和奥斯曼帝国，后因出版宣扬爱国主义的作品，遭到逮捕并被处决。

需要说明的是，虽然受到启蒙运动的影响，法纳尔人对希腊文化的贡献并不代表着希腊学术和文化在巴尔干地区的复兴。

相反，它们更多映射的是一种奇特的生活方式，是法纳尔人在伊斯坦布尔发展起来的一种模仿"职业奥斯曼人"的生活方式。

二、斯拉夫人与斯拉夫文化

巴尔干地区的斯拉夫人分布甚广。除了杜布罗夫尼克是唯一由斯拉夫人统治的斯拉夫地区，达尔马提亚沿岸的斯拉夫人大部分时间都处于威尼斯人的统治之下。而斯洛文尼亚人则在哈布斯堡家族的统治之下。诸多富有并且受过教育的克罗地亚人在奥斯曼帝国的征服过程中已经迁入哈布斯堡家族控制的领地。

就像希腊人一样，斯拉夫人大多数重要的文化活动也发生在奥斯曼帝国之外。在奥斯曼帝国统治下的斯拉夫人，除了民歌、歌颂英雄的流行诗歌，几乎没有留下多少重要的文化成果。

保加利亚人几乎全部生活在奥斯曼帝国统治之下，由于距离主要行政中心伊斯坦布尔和埃迪尔内很近，没有什么机会用文字、绘画或建筑来表达自己的思想。在保加利亚、马其顿，由于受到修道院的保护，一些文化幸运地被保留了下来。修道院不仅保存、复制文献，还为指导年轻僧侣建立了"小型学校"。但是，所有小型学校加在一起也并没有产生足够的知识，使之

第三章　帝国的统治

成为真正文化生活的基础。修道院里鲜有中世纪的学术性知识，它之所以重要，主要是因为它保存了一种语言，而这种语言成为保加利亚文艺复兴以及现代保加利亚文学形成的基础。

　　塞尔维亚人的处境与保加利亚人相似，在长达几个世纪的奥斯曼帝国统治中，除了民间诗歌之外，塞尔维亚人的民族文学活动仅限于教会。17世纪，大量塞尔维亚人迁至哈布斯堡王朝控制的领地后，情况发生了变化，塞尔维亚作家开始出现，

保加利亚里拉修道院（Rila Monastery），始建于10世纪，是巴尔干半岛最著名的东正教修道院。

他们大多是牧师,使用混杂了教会斯拉夫语、流行语和大量借用俄语词汇的语言进行写作,这种新的塞尔维亚文学的中心在今天的伏伊伏丁那(Vojvodina)地区以南,在那里产生了诸多有影响力的文化代表。

例如,约万·拉吉奇(Jovan Rajić, 1726—1801)创作了4卷本的《不同斯拉夫民族的历史:保加利亚人、克罗地亚人和塞尔维亚人》(*Different Slavonic Nations, Especially the Bulgarians, Croats and Serbs*),试图将各种南斯拉夫人的历史视为一个整体,对构建科学的南斯拉夫史进行了首次尝试。多西泰吉·奥布拉多维奇(Dositej Obradović, 1742—1811)一生都在从事塞尔维亚文学创作,其影响力超越了单纯的文学写作而进入到政治领域,成为现代塞尔维亚历史上的一位伟人。这种新的"文学语言"成为最早的现代塞尔维亚文学范例的载体,但只有神职人员、城市和乡村中少数受过良好教育的人才能理解。

与保加利亚人和塞尔维亚人相比,在奥斯曼帝国统治下的克罗地亚人创作并留存了更多文学作品,但统一的克罗地亚语直到19世纪才出现。早期作家用拉丁字母创作斯拉夫诗歌,比如,什希科·门切蒂奇(Šiško Menčetić, 1457—1527)和德约·热季奇(Djorje Držić, 1461—1501)。他们的作品仿照了意大利人文主义诗人彼得拉克(Petrarca, 1304—1374)。此外,克罗地亚作家还用多种方言进行写作。

值得一提的是巴托尔·卡希奇（Bartol Kašić, 1575—1650），他于 1604 年出版了第一部南斯拉夫人的语法书，即《伊利里亚语言研究》(*The Institutiones linguae Illyricae*)。而帕沃·里特尔·维特佐维奇（Pavao Ritter Vitezović, 1652—1712）则试图为所有南斯拉夫人创造一种统一的文学语言，他的《塞尔维亚素描》(*Serbia Illustrated*)是第一部使用文献和现代历史学家所用的其他工具书写而成的塞尔维亚历史。

三、犹太人与犹太文化

当奥斯曼开始征服巴尔干时，讲希腊语的犹太人被称为罗马人或希腊人，居住在被征服的几个城市中，他们人数不多。当祖先居住在西班牙或北非的犹太人——塞法迪到来后，这些被称为罗马人或希腊人的犹太人逐步融入塞法迪。另外一些来自中欧的德国犹太人阿什凯纳兹，15 世纪迁徙到这里，比塞法迪早一点。到 16 世纪下半叶，在多个城市都出现了活跃的阿什凯纳兹社区，包括伊斯坦布尔、埃迪尔内、索非亚、普列文（Pleven）、维丁、特里卡拉（Trikala）、阿尔塔（Arta），甚至还有塞法迪的大本营萨洛尼卡。不过，在奥斯曼帝国中，塞法迪才是犹太人的主导。

居住在奥斯曼帝国内的最著名的塞法迪是约瑟夫·纳

西（Joseph Nasi, 1515—1579），他是苏丹塞利姆二世和大维齐尔穆罕穆德·索库鲁（Mehmed Sokollu, 1505—1579）的朋友，被封为纳克索斯公爵（Duke of Naxos）。他在首都拥有众多商业利益，在外交事务中也有很大影响力。1570年，正是在他的强烈呼吁下，奥斯曼帝国才对威尼斯开战，并获得了对塞浦路斯的统治。最有影响力的阿什凯纳兹则是所罗门·阿斯肯纳齐（Solomon Askenazi, 1520—1603），他是穆罕穆德·索库鲁的私人医生，出生在意大利并接受教育，在前往伊斯坦布尔之前，曾在波兰行医。他对这两个国家的了解与他的医学知识一样，都受到了奥斯曼宫廷的赞赏。他极大地影响了奥斯曼帝国对波兰的政策，还担任过驻威尼斯的外交官。

除了这两位代表人物，还有许多优秀的犹太医生、政治家、商人和工匠为奥斯曼帝国的繁荣作出了贡献。但在苏丹的权杖之下，犹太人从未形成真正的社群，他们主要是依靠出身、职业和传统联合起来的少数人组成的马赛克。尽管奥斯曼帝国试图用犹太人米勒特将犹太人聚集在一起，但塞法迪和阿什凯纳兹之间的分歧从未消失。尽管如此，对塞法迪来说，在奥斯曼帝国的长期居留还是让他们获得了比在欧洲其他地方更好的环境。在此期间，他们保持了自己的传统、习俗、语言及公共生活。当犹太人再次开始西迁时，与财产一起带走的还有这些传统,但他们的人数比其他民族少,而且不是土著,其历史和传统与该地区缺乏紧密的联系,因而其后代对这一地区的贡献比斯拉夫人或希腊人要小得多。

最后,需要补充说明的是突厥人及其穆斯林文化的贡献。生活在巴尔干的突厥人也在乡野留下了自己的印记,位于埃迪尔内的宏伟的塞利米耶清真寺(Selimiye Mosque)就是奥斯曼帝国的建筑师希南(Sinan, 1491—1588)的杰作,它是奥斯曼帝国统治时期最著名的建筑。但像它一样能被认为是真正原创或带有"欧洲—奥斯曼"地区风格印记的建筑却并不多。不仅如此,除了那些居住在巴尔干半岛最东部地区(今天的欧洲土耳其)的人之外,巴尔干地区的突厥人大都是行政人员、士兵、地主或手艺人,生活相对隔绝。

总体上看,对奥斯曼帝国来说,巴尔干在经济和军事上具有非常重要的意义,但就民族志而言,它更像是"异国之土",难以为帝国的文明作出持久贡献。对巴尔干地区的不同族群和文化而言,他们在漫长的500年异族统治中,保留并发展了自己的语言和历史,为即将到来的民族国家建构埋下了火种。

五百年风云——奥斯曼帝国时期的巴尔干

第四章
帝国衰落与民族觉醒

第一节 走向衰落的奥斯曼

第二节 欧洲列强争夺巴尔干

第三节 巴尔干的民族觉醒

16世纪末,奥斯曼帝国在巴尔干的统治开始由盛转衰,这一趋势一直延续到19世纪末。走向衰落的奥斯曼帝国要面对的不仅有统治阶层内部的分裂,如禁卫军的反抗,而且还有来自各行省及世袭省份的民族意识的觉醒。至19世纪下半叶,巴尔干地区的民族独立运动已势不可挡。

第一节
走向衰落的奥斯曼

一、17世纪的战争

战争是奥斯曼帝国崛起的决定因素,也是其衰落的重要起因。进入17世纪,由奥斯曼帝国发起的一系列向外扩张的战争,成为帝国由盛转衰的起点。

1593年,奥斯曼帝国不顾禁卫军多次在伊斯坦布尔发动起义的事实,在军心不稳的情况下,出兵匈牙利。这一战持续了13年,奥斯曼帝国试图将哈布斯堡王朝驱逐出匈牙利,但始终未取得决胜优势。1603年,奥斯曼帝国与萨法维王朝在安纳托利亚爆发战争。两线作战的奥斯曼帝国遭遇禁卫军起义,战争难以继续。1606 年，奥斯曼帝国与哈布斯堡王朝签订和约，承认哈布斯堡王朝继续拥有匈牙利的西北部，并且不再需要为此纳贡。此后，哈布斯堡王朝卷入欧洲的三十年战争，奥斯曼帝国则忙于应付国内乱局及在其他方向的领土扩张，双方维持了 60 年的和平。

1645 年，奥斯曼进攻威尼斯控制的克里特岛。这场战争一直持续到 1670 年，尽管克里特岛最终被拿下，但由于军事进攻速度缓慢，海军不断失利，导致伊斯坦布尔发生了政治危机，奥斯曼帝国进入大维齐尔科普鲁卢掌权的时代。

1672 年，奥斯曼帝国在大维齐尔的主张下又发动了对波兰的战争。由于哥萨克人与克里米亚半岛的鞑靼人联合起来反抗波兰人，并向奥斯曼帝国寻求保护，波兰战败。1676 年，波兰割让波多利（Podole）和乌克兰西部，同意每年向奥斯曼帝国纳贡 22 万杜卡特。试图乘胜追击的奥斯曼帝国继而向沙皇俄国发起挑战，1676 年，奥斯曼帝国第一次发动了对沙皇俄国的战争。战争持续了四年多，但最终以奥斯曼帝国拱手将西乌克兰让给沙皇俄国而告终，史称第一次俄土战争。

遭受失败的奥斯曼帝国并没有停下战争的脚步。1683 年，20 万奥斯曼帝国军队开往维也纳边境，但遭到了联合抵抗。利奥波德一世（Leopold I, 1640—1705）以神圣罗马皇帝的名义，纠集洛林（Lorraine）、巴登（Baden）、萨伏伊（Savoy）、萨克森

（Saxony）、巴伐利亚（Bavaria）等公国，联合波兰组成同盟，大败奥斯曼帝国。受到鼓舞的威尼斯也加入同盟，在摩里亚发起对奥斯曼帝国的攻势。随着战事的进一步发展，瑞典、意大利、沙皇俄国的军队纷纷加入战斗。

在多线作战中，奥斯曼帝国先后丧失了对布达、摩里亚、亚速、贝尔格莱德、维丁、尼斯等地的控制。1699年1月，奥斯曼帝国与同盟成员签订《卡尔洛维茨和约》（*Peace of Karlovci*），放弃了匈牙利和特兰西瓦尼亚的全部领土，只保留了特梅斯瓦尔的巴纳特；承认威尼斯人征服了摩里亚和达尔马提亚的大部分土地，将波多利归还给了波兰人。此后，奥斯曼帝国又与沙皇俄国达成和平协议，承认沙皇俄国继续拥有亚速海。

至此，在扰动了几乎半个欧洲之后，奥斯曼帝国的战争征服脚步终于被迫停止，奥斯曼帝国再也不是那个令欧洲闻之丧胆的战无不胜的帝国了。在长期战争中，奥斯曼帝国首先在军事上暴露出难掩的衰落迹象。

实际上，16世纪后半期，欧洲军事变革已经开始。意大利的筑城术得到推广，火枪改良使得配备火枪的步兵大为增加，以枪炮为中心的进攻战术得到发展。总体上看，现代战争正在使军队由骑兵向步兵和技术部队转型。为了应对这样的军事革命，奥斯曼帝国也进行了军队改良，主要措施是建立能够使用枪炮的非正规部队。经过短期培训，这些刚刚从乡下招募的士兵就开赴了前线。这种以敌为师的追赶模仿表明,奥斯曼帝国已经丧失了军事上的绝对优势。更为重要的是,当战争结束,这些非正规军就成了帝国的"包袱",因为无法得到充分安置,他们成为新的社会不安定因素。

除此之外,禁卫军更是日益成为奥斯曼帝国的沉重负担。与其他欧洲国家的雇佣军不同,奥斯曼帝国的禁卫军是拿俸禄的,苏丹即使在没有战争的时候也必须养活他们,不能随意将其"送回老家",他们是常规存在的武装力量。从历史的进程中看,当西方国家的统治者逐渐掌握军权的时候,奥斯曼帝国的禁卫军却成为统治者的"潜在敌人"。

二、蒂玛尔制度的崩溃

长期战争的另一个后果就是土地荒芜、人口减少,蒂玛尔制度难以为继。

蒂玛尔是奥斯曼帝国重要的军事和经济基础。最好的时期,奥斯曼帝国通过蒂玛尔利可以召集的军队有23万人,来自蒂玛尔的土地税则是帝国重要的经济来源之一。蒂玛尔利不仅是军事战斗的主力军,也是地方秩序的维护者。但是,由于蒂玛尔利没有土地的所有权,农民的税收在一定时期内又是相对固定的，多余的收益要交给军队。因此，蒂玛尔利对于农业生产方式的改革没有多大兴趣，农民有更多的自由，生产总体上是自足的，这就造成奥斯曼帝国统治时期巴尔干的农业生产水平总体上落后于西欧。

真正将巴尔干的农业生产锚定在欧洲体系边缘的是蒂玛尔体系下的土地所有模式向农场体系的转变。一方面，战争使得蒂玛尔利的数量急剧下降，以至于没有足够的人来维持旧的土地制度；另一方面，皇室为增加收入，不断减少土地分封，在客观上减少了蒂玛尔利的数量。不仅如此，面对在城市中日益崛起的富裕阶层，人数逐步减少的蒂玛尔利越来越希望利用自己手中的土地产生更大的经济收益，以保证自身及其后代的利益。他们通过非法手段将封地变成私有土地，然后再通过出租、变卖、建立假的"瓦克夫"等方式投资获利，这导致新的土地所有模式"齐夫特利克（çiftlik）"，即农场体系的产生。

农场体制下的新"地主"为获得更多盈余，多委托代理人按照市场需求经营土地。为了不让农民离开土地，农场会为农民提供住房、劳动工具、种子甚至贷款，越来越庄园化的农场日益将农民变成"农奴"。一方面，这种新的土地所有模式不仅使土地与服兵役相脱离，导致兵源减少，削弱了帝国的军事力量，而且使得乡村日益脱离帝国权力的渗透，变得愈来愈分散、愈来愈碎片化；另一方面，工业革命的早期发展正在加速西欧封建庄园的瓦解，巴尔干农场盈余的农产品刚好填补了西欧对农产品的需求，投资农业成为有利可图的买卖，这样一来巴尔干地区就被锁定为欧洲的"初级产品供应区"。

除此之外，"齐夫特利克"取代"蒂玛尔"还加速了帝国原有身份秩序的崩溃。"旧的"统治群体中的官员、蒂玛尔利和城市中的穆斯林商人与"新"地主、包税农和农场催生的新穆斯林商人融合为一个类似于穆斯林贵族的群体，这一群体日益与其他穆斯林，特别是日益失去其原有地位的禁卫军形成对立关系。

为了安抚禁卫军，财政日益困难的奥斯曼帝国不得不将他们疏散到行省。在经济上日益滑向"无产阶级"的禁卫军，凭借自己在穆斯林中的地位，开始变得"无法无天"，成为巴尔干地区的"大患"。他们将矛头指向缺乏保护的农民，掠夺农场成了"增收"的重要方式。这使得生活在乡村的民众不得不武装自救，并最终发展成为民族独立运动的主力军。与之相适应的是，巴尔干地区各米勒特内部的族群分化也愈加严重，东正教米勒特中的塞尔维亚人、保加利亚人、希腊人都试图寻回自己的历史。

三、中央集权的削弱

如前所述，在城市的管理中，奥斯曼帝国并没有一个类似

"市政府"的实体,城市中有中央政府派驻的官员,但决策权并不掌握在其手中。地方权力还受到行会和城市名流等多股力量的影响。这些达官显贵共同构成了城市的上层社会,拥有既得利益、渴望稳定的环境。但是,随着战争造成越来越多的禁卫军被疏散到行省,原有的地方权力核心受到威胁。禁卫军在经济上"一无所有",但在社会地位上不仅拥有穆斯林的身份,而且享有职业军人的各种特权,他们渴望跻身上层社会,因而成为行省内"不受欢迎的人"。

寻找出路的禁卫军或者选择依附一个新贵族,协助其建立强有力的地方势力范围,或者选择组织自己的队伍,到乡村"强占"土地。前一种方式造成地方权力的变动,形成一些"小王朝",他们拥有的势力范围,甚至相当于一个小行省。在塞尔维亚、波斯尼亚、阿尔巴尼亚、希腊中部等地,这些新势力的崛起不仅消解了中央对地方的权力,而且成为日后民族独立运动中的重要力量。后一种方式则直接瓦解了原有的地方秩序,并催生了针锋相对的哈伊杜克(hajduk)运动,加速了帝国的解体。

哈伊杜克是自发的武装抵抗组织,自奥斯曼帝国进入巴尔干以来,就一直存在。在早期的民歌和传说中,他们曾被塑造为在穆斯林暴政下受苦的基督徒。17世纪30年代,哈伊杜克的活动变得活跃。17世纪80年代以后,为反抗不断骚扰乡村的禁卫军,哈伊杜克"团结"各种抵抗组织,发起了一场大规模的运动。在统治阶层看来,他们是"土匪""流寇",但对民族意识日渐觉醒的巴尔干民众来说,他们是巴尔干的民族英雄和自由斗士,创造了游击战争和解放运动的早期形式。

第二节
欧洲列强争夺巴尔干

一、18世纪的战争

进入18世纪,奥斯曼帝国在巴尔干越来越处于守势。除了老对手哈布斯堡王朝和威尼斯共和国,沙皇俄国也成为奥斯曼帝国的主要对手。而远在西欧的英国、法国因为与奥斯曼帝国存在贸易关系也开始插足巴尔干的地区争夺。

奥斯曼帝国在18世纪挑起的第一场战争爆发于1711年,起因是沙皇俄国试图夺取克里米亚。双方军队在普鲁特河两岸展开激战。有史料记载,奥斯曼军队中的克里米亚鞑靼士兵骁勇善战。开战前,苏丹承诺,砍下俄国士兵的人头即可获得重赏,但一天之内,因为数量太多,赏金不得不减半。奥斯曼帝国大获全胜,迫使沙皇俄国归还了亚速及其毗邻地区,并取消了其在黑海停船的特权。

但仅过了十年,沙皇俄国的军队又卷土重来。这一次沙皇俄国与哈布斯堡王朝结为联盟。1723年,沙皇俄国再次占领亚速,目标直指黑海。此后,哈布斯堡王朝的军队也相继占领了多瑙河以南的尼斯、科索沃、贝尔格莱德等城市,以及多瑙河以北的瓦拉几亚和摩尔达维亚的部分地区。到 1739 年，节节败退的奥斯曼帝国不得不向正在谋求近东地区均势的英国和法国求援。最终，在法国驻奥斯曼帝国大使的斡旋下，沙皇俄国仅获得了在不设防的亚速海和黑海地区通商的权利，哈布斯堡王朝也归还了其占领的贝尔格莱德及瓦拉几亚等城市和地区。此后，奥斯曼帝国与沙皇俄国之间 35 年无战事。

奥斯曼帝国挑起的第二场战争爆发于 1715 年，起因是它试图夺回威尼斯占领的摩里亚。起初，奥斯曼帝国打得非常"轻松"，用了不到 3 个月就重新征服了摩里亚的大部分地区。但是，威尼斯人联合了早就等待反击机遇的哈布斯堡王朝，扭转了局势。1716 年，哈布斯堡王朝先后占领贝尔格莱德、特梅斯瓦尔等重要城市，触角直接伸向巴尔干。后来在英国人的斡旋下，奥斯曼帝国割让哈布斯堡王朝占领的土地，但保留了从威尼斯征服的土地，威尼斯因此从彻底灭亡的边缘被拯救回来，巴尔干半岛的"均势"得以暂时维持。

1768 年，因为波兰新国王的人选问题，奥斯曼帝国卷入法国与沙皇俄国和普鲁士的战争。但是，奥斯曼帝国在战场上屡战屡败，两年之内就失去了摩尔达维亚和瓦拉几亚的全部土地，并让沙皇俄国的一支舰队开进了地中海，直接威胁到帝国的首都伊斯坦布尔。1774 年 7 月，为免遭更惨重的损失，奥斯曼帝国被迫与沙皇俄国签订《库楚克·凯纳吉条约》(*Treaty of Küçük*

Kaynarca）。

根据这一条约，沙皇俄国获得了德涅斯特（Dniester）河至普鲁特河之间的一小块土地，并同意从所有占领领土撤出，但沙皇俄国海军和商船获得在黑海自由航行和设立军事基地的权利。该条约还赋予沙皇俄国在奥斯曼帝国保护"基督教"的"权利"，允许其在首都伊斯坦布尔派驻全权常驻公使，在雅西和布加勒斯特设立领事馆。不仅如此，该条约还承认克里米亚为"独立国家"，同时免除了摩尔达维亚和瓦拉几亚两年的纳贡义务。

然而，过了不到十年，沙皇俄国就撕毁了条约。1783年，沙皇俄国吞并了克里米亚，并于第二年迫使奥斯曼帝国签订条约予以承认。1787年、1788年，沙皇俄国和哈布斯堡王朝相继向奥斯曼帝国宣战。沙皇俄国的军队占领摩尔达维亚、瓦拉几亚和多布罗加，哈布斯堡王朝的军队则进入了塞尔维亚和波斯尼亚，占领贝尔格莱德。1790年，哈布斯堡王朝的约瑟夫二世（Joseph Ⅱ，1741—1790）去世，反战的利奥波德二世（Leopold Ⅱ，1747—1792）继位，迅速展开和谈。1791年，双方签订《斯维什托夫和约》（*Peace of Svishtov*），一切恢复原状，只是在边界上作了有利于维也纳的轻微调整，双方总体上仍以多瑙河—萨瓦河一线为界。由于哈布斯堡王朝的退出，第二年，沙皇俄国也不得不与奥斯曼帝国签订停战协议《雅西条约》（*Treaty of Iași*），双方确定了沿德涅斯特河和库班河（the Kuban）的欧洲边界，沙皇俄国同意将占领的所有摩尔达维亚和瓦拉几亚土地归还给奥斯曼帝国。但是，奥斯曼帝国与沙皇俄国之间的战争并没有停止。

二、19 世纪的战争

进入 19 世纪，奥斯曼帝国与沙皇俄国为争夺克里米亚，又进行了四场战争，并由此跌入无可挽回的衰落深渊。

1806 年，奥斯曼帝国在法国的支持下，为夺回对摩尔达维亚和瓦拉几亚的控制权，对沙皇俄国宣战。1812 年 5 月，奥斯曼帝国承认战败，割让比萨拉比亚。

1828 年，利用希腊独立运动给奥斯曼帝国造成的内部动荡，沙皇俄国向奥斯曼帝国宣战，其军队一路南下，由摩尔达维亚、瓦拉几亚，经保加利亚，逼近伊斯坦布尔，并封锁了博斯普鲁斯海峡和达达尼尔海峡。1829 年 9 月，奥斯曼帝国被迫签订《亚得里亚堡和约》(*Treaty of Adrianople*)。沙皇俄国因这次大战保住了乌克兰南部、克里米亚、比萨拉比亚及高加索的部分领土，并在黑海沿岸牢固地确立了自己的地位。

1853 年，沙皇俄国派出全权特使前往伊斯坦布尔，要求奥斯曼帝国承认其对黑山东正教徒的特别保护权。但是，得到英国和法国支持的奥斯曼帝国拒绝了沙皇俄国的要求，于是，克里米亚战争爆发。战争之初,沙皇俄国取得压倒性优势,但随着英法两国参战,战争局势发生扭转,奥斯曼帝国与英法联盟大败沙皇俄国。根据1856年签订的《巴黎和约》(Peace Treaty of Paris),沙皇俄国交出比萨拉比亚,黑海中立化,多瑙河向各国船只开放。

1875年,黑塞哥维那爆发起义,并很快蔓延至塞尔维亚、黑山及保加利亚。沙皇俄国借口支持东正教教徒,再次向奥斯曼帝国宣战。1877年,沙皇俄国的军队渡过多瑙河,逼近伊斯坦布尔。全线溃败的奥斯曼帝国被迫于1878年签订《圣斯特凡诺条约》(Treaty of San Stefano),正式承认摩尔达维亚、瓦拉几亚和塞尔维亚独立,保加利亚成为沙皇俄国保护下的自治公国,比萨拉比亚等多个战略要塞落入沙皇俄国手中。至此,第十次俄土战争落下帷幕。

三、"东方问题"初步形成

自17世纪以来,奥斯曼帝国与周边帝国争夺边疆的区域性战争不断发展成为影响世界体系的欧洲战争,并引发了从19世

第四章　帝国衰落与民族觉醒

纪一直延续到第一次世界大战的"东方问题"[1]。

首先,奥斯曼帝国与哈布斯堡王朝和沙皇俄国在长期战争中,与摩尔达维亚、瓦拉几亚、塞尔维亚、保加利亚、阿尔巴尼亚、黑山、波斯尼亚、黑塞哥维那以及匈牙利、波兰形成了错综复杂的关系。

作为奥斯曼帝国的世袭行省,摩尔达维亚和瓦拉几亚为摆脱奥斯曼帝国的统治,公国内部分裂成了亲奥斯曼派、亲俄罗斯派、亲奥地利派以及亲波兰派。类似的还有特兰西瓦尼亚,它的世袭君主们始终在奥地利、波兰、匈牙利和奥斯曼帝国之间摇摆,这也预示了一旦获得独立的罗马尼亚必将在帝国夹缝中谋求生存的未来。事实表明,特兰西瓦尼亚和摩尔多瓦的身世与归属问题至今对其自身仍有影响。

在奥斯曼帝国到来之前,特兰西瓦尼亚在匈牙利国王的统治之下。匈牙利遭到奥斯曼帝国和哈布斯堡王朝肢解后,特兰西瓦尼亚先是奥斯曼帝国的附庸,后又根据《卡尔洛维茨和约》成为哈布斯堡家族的附庸。第一次世界大战后,《特里亚农条约》(Treaty of Trianon)将特兰西瓦尼亚划入罗马尼亚。第二次世界大

---

[1] "东方问题"指的是近代欧洲列强为争夺昔日地跨欧亚非三洲的奥斯曼帝国及其属国的领土和权益所引起的一系列国际问题。从欧洲来看,奥斯曼帝国地处其东,故统称为"东方问题"。

战中,匈牙利加入轴心国,夺回了包括特兰西瓦尼亚的匈牙利人聚居区和一些罗马尼亚人为主的区域。而第二次世界大战后,同盟国再次确认将特兰西瓦尼亚划归罗马尼亚。至于摩尔达维亚,虽然罗马尼亚在第一次世界大战后一度从苏俄(苏联)的占领中将其夺回,但在第二次世界大战中和战后,苏联占领了该地区并最终建立了摩尔多瓦加盟共和国。

其次,以英法为代表的西欧大国对巴尔干地区的干涉,进一步加剧了地区的紧张局势。以克里米亚为例。早在公元前5世纪,克里米亚地区就曾建立过希腊化博斯普鲁斯王国。此后,该地区相继被罗马帝国、拜占庭帝国统治。1449年,克里米亚汗国建立,臣服于蒙古金帐汗国,后被奥斯曼帝国征服,成为奥斯曼帝国的附属国。在奥斯曼帝国与沙皇俄国的角力中,克里米亚一步步为沙皇俄国所控制。1736年,沙皇俄国第一次占领克里米亚。虽然1774年签订的《库楚克·凯纳吉条约》承认克里米亚为一个独立的国家,但沙皇俄国在1783年又吞并了克里米亚。此后,为争夺克里米亚,奥斯曼帝国、英国、法国以及意大利半岛的撒丁王国先后向沙皇俄国宣战,因此引发继拿破仑战争后规模最大的一次欧洲战争。此后,克里米亚几经易手,也曾一度独立,最终成为苏联的领土。

此外,还有马其顿地区的归属和独立问题。马其顿地处希腊东北边缘,约公元前9世纪开始建立早期政权,公元前4世纪,腓力二世（Philip Ⅱ，前382—前336）在位期间，基本完成希腊本土的统一。公元前336年，亚历山大大帝（Alexander the Great,前356—前323）继位后，不断向外扩张，建立了横跨欧亚非三大洲的帝国。亚历山大死后，帝国四分五裂，马其顿王国仅保有巴尔干半岛的部分。公元前146年，罗马占领希腊全境，马其顿王国演变为罗马帝国的"马其顿行省"。罗马帝国分裂后，马其顿地区继续为拜占庭帝国所统治。1331年，塞尔维亚王国吞并马其顿。1387年，穆拉德一世的军队占领马其顿地区。再后来，马其顿成为了奥斯曼帝国的一个部分。

19世纪，沙皇俄国与奥斯曼帝国争夺克里米亚时，沙皇俄国就试图利用《圣斯特凡诺条约》将马其顿的部分领土划给保加利亚，但遭到《柏林条约》（*Treaty of Berlin*）的否决，马其顿仍留在奥斯曼版图内。奥斯曼帝国本应在马其顿和色雷斯进行改革，给予当地民族自治权利，但奥斯曼帝国一直没有履约。第一次巴尔干战争后，根据《伦敦条约》（*Treaty of London*），阿尔巴尼亚独立，马其顿则由"巴尔干同盟"各国瓜分。

由于塞尔维亚、保加利亚和希腊三方均对分割不满，第二次巴尔干战争爆发。战后，根据《布加勒斯特条约》（*Treaty of Bucharest*），塞尔维亚得到马其顿西部、中部及新帕扎尔（Novi Pazar）的东半部，希腊得到马其顿南部及萨洛尼卡港。至此，历史上比较完整的马其顿被分别划入保加利亚、塞尔维亚和希腊的版图。马其顿要求民族独立、建立一个独立国家的愿望落空。

总体上看,所谓的"东方问题",从某种意义上说,就是在欧洲版图上形成于17世纪的东、西两个区域体系的平衡被打破,西方逐渐压倒东方的过程中产生的,如何重建东方秩序的问题。

第三节
巴尔干的民族觉醒

一、塞尔维亚王国建立

作为奥斯曼帝国的欧洲核心"行省",塞尔维亚是受到奥斯曼帝国管控较多的地区之一,也是哈伊杜克运动最为活跃的地区。随着俄土战争的多次爆发,以信仰东正教的斯拉夫人为主的塞尔维亚地区逐步"倒向"沙皇俄国,要求摆脱奥斯曼帝国自治的声音越来越强烈。

1804年,塞尔维亚爆发卡拉乔治·彼得罗维奇(Kara George Petrović, 1768—1817)领导的起义。起义发展迅速。1806年12月,起义军占领贝尔格莱德,取得重要胜利。1807年,奥斯曼帝国的苏丹与起义军签订和约,撤出军队,同意塞尔维亚自治。此后,起义军建立了统一的执行机构,即"执政委员会",制订了第一部塞尔维亚宪法性的法律草案,并推举卡拉乔治·彼得罗维奇为塞尔维亚最高世袭领袖。此时的塞尔维亚俨然成为一个王国,而卡拉乔治·彼得罗维奇则变身为世袭君主。

1813年,奥斯曼帝国再度对塞尔维亚进行镇压,塞尔维亚本希望沙皇俄国能够派兵支援,但沙皇俄国正在应付拿破仑战争，无暇顾及。无力抵抗的卡拉乔治·彼得罗维奇逃亡奥地利。两年后，拿破仑战败，沙皇俄国重新关注塞尔维亚。在沙皇俄国的支持下，米洛什·奥布伦诺维奇（Miloš Obrenović, 1780—1860）发动了第二次塞尔维亚起义。

1817年，米洛什·奥布伦诺维奇被推选为塞尔维亚大公，在舒马迪亚（Šumadija）地区建立自治公国。塞尔维亚取得了自治公国的地位，但宗主权仍属于奥斯曼帝国，其社会发展的主要特点就是去奥斯曼化。与此同时，由于沙皇俄国力图使塞尔维亚问题国际化并迫使奥斯曼帝国放松对塞尔维亚的控制，塞尔维亚社会发展的进程与沙皇俄国紧密地联系在了一起。

1829年《亚得里亚堡和约》签订，沙皇俄国成了塞尔维亚的国际保护者，其驻贝尔格莱德的领事有权根据本国政府的指示处理有关塞尔维亚的一切重大问题，有时甚至出席塞尔维亚政府会议。1830年，奥斯曼帝国正式承认塞尔维亚人有实行内部自治和建立独立国家行政机构的权利，塞尔维亚由大公管理。1832年，塞尔维亚教会脱离了君士坦丁堡总主教的管辖；1833年，米洛什·奥布伦诺维奇宣布在塞尔维亚取消农场，解放了广大农民，这进一步激发了塞尔维亚人的现代民族意识，出现了具有民主革命性质的民族复兴运动。

1839年，由于遭到国内反对派的抵制，米洛什·奥布伦诺维奇不得不退位隐居。他的儿子米海洛·奥布雷诺维奇（Mihailo Obrenović, 1823—1868）继位后，大力改革，建立了一整套司法和行政制度，特别是建立了一支拥有 10 万兵力的正规军。1842年，国民议会废黜米海洛·奥布雷诺维奇大公，推举亚历山大·卡拉乔尔杰维奇（Aleksandar Karađorđević, 1806—1885）上台，开启了卡拉乔尔杰维奇王朝在塞尔维亚的统治。经过与奥斯曼帝国多年的战斗，1878 年，塞尔维亚终于在欧洲列强签订的《柏林条约》中获得承认。

1882 年，塞尔维亚宣布成为王国。

二、希腊独立战争

塞尔维亚获得自治动摇了奥斯曼帝国在巴尔干地区的统治。而希腊的独立早已被提上 1815 年维也纳会议的议事日程，只是由于各方意见分歧而被搁置。

实际上，希腊的独立有其独特的条件。首先，在奥斯曼帝国的各欧洲行省中，希腊地区享有较高的自治权，法纳尔人在该地区拥有较为独立的管理权；其次，哈伊杜克运动在该地区的山地较为活跃；再次，在 18 世纪后期崛起的地方统治势力，使得中央政府对希腊地区的控制进一步遭到削弱；最后，由于《库楚克·凯纳吉条约》的签订，希腊地区的东正教教徒得到沙皇俄国的支持和保护。

1821 年 3 月，在沙皇俄国军队服役且受到俄国人支持的希腊人亚历山大·伊普斯兰提斯（Alexander Ypsilantis, 1792—1828）在摩尔达维亚和瓦拉几亚发动起义，很快蔓延至伯罗奔尼撒半岛、克里特岛、爱琴海诸岛屿及马其顿等地，希腊的独立运动得到来自英国、法国的欧洲知识分子的热情支持。1822年1月，起义军推举亚历山德罗斯·马夫罗科扎托斯（Alexandros Mavrokordatos, 1791—1865）为临时政府执行主席，宣布希腊独立，并在日内瓦、巴黎、伦敦成立希腊委员会。

为镇压希腊的独立运动，1825年，奥斯曼帝国的苏丹寻求并得到埃及总督穆罕默德·阿里（Muharomad Ali, 1769—1849）的支持，出兵希腊。希腊独立运动陷入危险境地。但1825年12月，尼古拉一世（Nicholas I）继承沙皇俄国王位，坚决支持希腊独立。1827年，英法俄三方组成联盟，在伦敦共同宣布承认希腊自治。次年，沙皇俄国向奥斯曼帝国宣战，并在战争中取得胜利。

1829年，奥斯曼帝国承认希腊自治，英国借此提出希腊应该在英法俄三方保护下，成立独立王国。1830年，英国宣布承认希腊独立。1832年，在英法俄的多方斡旋下，希腊宣布建立王国，并推举巴伐利亚国王的次子奥托·弗里德里希·路德维希（Otto Friedrich Ludwig, 1815—1867）为国王，即奥托一世（Otto I）。奥托一世统治希腊30年。1862年，在一次军事政变后，其专制统治被推翻，取而代之的是丹麦王子乔治一世（George I,

1845—1913）。此后，希腊将绝对君主制改为议会君主制，逐步开启了其现代化道路。

希腊独立战争进一步推动了巴尔干地区民族独立运动的发展，加速了奥斯曼帝国的瓦解和崩溃。

三、罗马尼亚独立

为加强对两个多瑙河公国瓦拉几亚和摩尔达维亚的控制，奥斯曼帝国于18世纪启用法纳尔人对其进行统治。随着希腊独立战争的爆发，法纳尔人在两个公国的统治受到动摇。

1821年1月，瓦拉几亚爆发起义，起义军要求结束法纳尔人的统治。起义很快蔓延至整个瓦拉几亚、摩尔达维亚，并对特兰西瓦尼亚产生了影响。起义最后被镇压，但奥斯曼帝国因受困于与希腊的战争，不再支持法纳尔人。1822年7月，奥斯曼帝国任命瓦拉几亚的本地贵族格里戈雷四世吉卡（Grigore IV Ghica, 1755—1834）为大公，法纳尔人在瓦拉几亚的统治宣告结束。1826年，奥斯曼帝国又与不断染指该地区的沙皇俄国达成协议，同意由瓦拉几亚贵族自行选出大公，但选举结果需要得到奥斯曼帝国与沙皇俄国的批准。

1828年，沙皇俄国向奥斯曼帝国宣战，根据双方于1829

年签订的《亚得里亚堡和约》，奥斯曼帝国拆除在多瑙河左岸的要塞并撤出驻军，多瑙河下游地区全都划归沙皇俄国，奥斯曼帝国不再干涉瓦拉几亚和摩尔达维亚的内政，两个公国也不再需要向奥斯曼帝国纳贡。两个公国自此享有建立自己军队的权

罗马尼亚佩雷什王宫（Peles Castle），1872年由国王卡罗尔一世下令修建。

第四章　帝国衰落与民族觉醒

利，但在奥斯曼帝国按约还清赔款之前，沙皇俄国的军队有权在此驻扎军队，奥斯曼帝国有义务承认沙皇俄国为其制定的各种法令。显然，此时的瓦拉几亚和摩尔达维亚只是换了一个新的"主人"，并未获得想要的独立。

实际上，沙皇俄国为了牢牢控制瓦拉几亚和摩尔达维亚，在两个公国进行了一系列政治经济改革，组建了两个由其控制的管理委员会并起草了相当于宪法的组织条例。因此，当席卷欧洲大陆的1848年革命爆发时，瓦拉几亚和摩尔达维亚立即加入革命的行列。革命者要求修订组织条例，并一度成功建立起一个跨瓦拉几亚与摩尔达维亚的联合临时政府，但这场革命最后在沙皇俄国与奥斯曼帝国的武力镇压下以失败告终。

1853年，克里米亚战争爆发。在英法等欧洲列强的支持下，特别是哈布斯堡王朝的强烈要求下，沙皇俄国于1854年从瓦拉几亚与摩尔达维亚撤军，哈布斯堡王朝的军队乘机占领了这一地区。沙皇俄国在克里米亚战争中战败。根据《巴黎和约》，瓦拉几亚与摩尔达维亚不再受沙皇俄国的保护，而是接受胜利各方的"联合保护"。奥斯曼帝国虽然名义上仍拥有瓦拉几亚的宗主权，但需要给予瓦拉几亚与摩尔达维亚高度自治的权利。

1859年，瓦拉几亚与摩尔达维亚建立罗马尼亚联合公国，即现代罗马尼亚的前身。1866年，罗马尼亚联合王国推举卡罗尔一世（Carol I, 1839—1914）为罗马尼亚亲王。1875年，奥斯曼帝国与沙皇俄国再次爆发战争，根据1878年双方签订的《圣斯特凡诺条约》，奥斯曼帝国正式承认罗马尼亚独立。1881年3月，卡罗尔一世宣布成为罗马尼亚国王。

四、保加利亚获得自治

保加利亚地区是深受奥斯曼帝国统治影响的地区。进入19世纪，源于宗教和民族上的相似性，保加利亚人将独立的希望寄托到沙皇俄国身上。此后，差不多在奥斯曼帝国与沙皇俄国的每一次战争中，保加利亚人都给予沙皇俄国军队热情的支持。在1806—1812年，保加利亚人组成了志愿军支持俄军，在攻克西利斯特拉要塞的战役中表现得异常英勇。在历次克里米亚战争中，保加利亚人同样也寄希望于沙皇俄国。这期间，特尔诺沃等地爆发了小规模的武装暴动。从法国归来的保加利亚作家格奥尔基·拉科夫斯基（Georgi Rakovski, 1821—1867）在君士坦丁堡建立了秘密团体，准备进行反奥斯曼帝国的武装起义，后因沙皇俄国兵败而未果。

19世纪60年代，保加利亚人的抵抗运动达到高潮，反抗运动更具组织化。1861年，在塞尔维亚政府的支持下，格奥尔基·拉科夫斯基于贝尔格莱德组建了数百人的保加利亚军团，准备发动解放保加利亚的全民武装起义，目标是建立一个民主共和国。由于复杂的国际形势，这个计划未能实现，其军团也于次年解散。1867年，格奥尔基·拉科夫斯基又组建了两个武装支队，继续为建立民主共和国而战斗。

进入19世纪70年代，保加利亚地区的独立运动更为活跃。

1870年,曾在保加利亚军团参加过战斗的瓦西尔·列夫斯基(Vasil Levski, 1837—1873)回到保加利亚,着手建立保加利亚地方革命委员会,筹集武器弹药,为建立保加利亚民主共和国做准备。1872年,保加利亚的革命组织和侨民代表在布加勒斯特召开大会,成立了统一的中央委员会,并通过了《通过精神上的革命和武装斗争解放保加利亚》的纲领。然而,由于计划暴露,起义失败,瓦西尔·列夫斯基被捕并遭到杀害。

1875年,在赫里斯托·波特夫(Hristo Botev, 1848—1876)领导下,保加利亚发动反对奥斯曼帝国统治的起义,但因力量对比悬殊和时机不成熟,遭到镇压。1876年,保加利亚南部爆发起义,赫里斯托·波特夫号召保加利亚人团结起来同奥斯曼帝国的统治者展开最后斗争,并率领一支近两百人的队伍前去支援。起义军一度攻占了诸多城市和村庄,但最终还是遭到奥斯曼帝国军队的镇压,数万名保加利亚人被屠杀,数百城镇乡村被夷为平地。

奥斯曼帝国对起义的血腥镇压引起了欧洲诸国的关注。1876年底,在沙皇俄国的建议下,欧洲列强齐聚君士坦丁堡,商议巴尔干半岛问题。经过长时间讨论,会议采纳了沙皇俄国的建议,给予保加利亚、波斯尼亚和黑塞哥维那自治权。但是,为了避免出现一个庞大的保加利亚,防止沙皇俄国扩张其在巴尔干地区的影响,奥匈帝国和英国坚持将保加利亚的疆土分为两个自治区：以特尔诺沃为首府的东保加利亚和以索非亚为首府的西保加利亚。奥斯曼帝国拒绝接受，沙皇俄国遂于1877年4月对其宣战，第十次俄土战争爆发。

受到保加利亚起义军的援助，沙皇俄国的军队一路势如破竹，渡过多瑙河，大败奥斯曼帝国。根据《圣斯特凡诺条约》，保加利亚终获自治。为遏制沙皇俄国利用保加利亚扩张势力，1878年7月，欧洲列强再签《柏林条约》进行补充修正。根据新条约，保加利亚被分为三部分：一部分是保加利亚公国，包括保加利亚北部和索非亚地区，为奥斯曼帝国的附属国；一部分是东鲁梅利亚自治区，即保加利亚南部，仍处于奥斯曼帝国统治之下；还有一部分是马其顿，归还奥斯曼帝国。尽管保加利亚并未真正摆脱奥斯曼帝国的统治，但在保加利亚的历史叙事中，1878年即是其独立之年。1885年9月，保加利亚在新一轮的民族独立运动中实现了北部王国和东鲁梅利亚的南北统一。

五、黑山成为独立国家

9世纪，斯拉夫人在黑山建立国家"杜克利亚"（Duklja）。11世纪，"杜克利亚"改称"泽塔"，并在12世纪末成为塞尔维亚王国的一个行省。1389年科索沃战役后，奥斯曼帝国征服了塞尔维亚王国。但由于独特的地理环境，黑山地区并未被奥斯曼帝国所控制，最后只能由当地人自治，并由当地部族领袖代为征收人头税。

16世纪之后，东正教的主教们逐渐成为黑山地区的真正统治者，以东正教的采蒂涅（Cetinje）总主教区为中心建立起政权，开始寻求对外联盟。17世纪中期，黑山同威尼斯建立了良好关系，威尼斯承认其在奥斯曼帝国统治下的各种自治权利，而黑山许诺不反对威尼斯的任何武装力量通过自己的土地。

与此同时，黑山的主教们还向沙皇俄国寻求庇护。当1710

黑山共和国首都波德戈里察（Podgorica），1945年至1992年间名为铁托格勒（Titograd）。

年,沙皇俄国与奥斯曼帝国发生战争的时候,在威尼斯人的帮助下,黑山人还发动了反对奥斯曼帝国的武装起义。1716年,黑山地区的主教达尼洛一世·佩特罗维奇·涅戈什(Danilo I Petrović-Njegoš, 1670—1735)获得了来自沙皇俄国的资金支持,这种扶持一直延续到1767年。此后,黑山的主教们转而向哈布斯堡王朝寻求帮助。

1785年,黑山靠自己的军队挫败了奥斯曼帝国的袭击。进入19世纪,黑山持续为创建独立国家而斗争。其中,两位主教佩塔尔一世·彼得罗维奇·涅戈什(Petar I Petrović-Njegoš, 1748—1830)和佩塔尔二世·彼得罗维奇·涅戈什(Petar Ⅱ Petrović-Njegoš, 1813—1851)功绩卓著。

1798年,佩塔尔一世颁布了第一部黑山法典,设立了第一个法庭。1818年,他制定了依靠沙皇俄国的建国方针。1831年,其继承者佩塔尔二世成立了由16名地方行政长官和部族首领组成的"执政枢密院"。1852年,黑山议会选举世俗的达尼洛二世·彼得罗维奇·涅戈什(Danilo Ⅱ Petrović-Njegoš, 1826—1860)为黑山大公,由主教执政的政教合一体制转向君主制。至1860年,尼古拉一世·彼得罗维奇·涅戈什(Nikola I Petrović-Njegoš, 1841—1921)继任,黑山的建国进程基本完成。

此后,黑山采取全民服兵役的做法,建立了自己的军队,支持沙皇俄国对奥斯曼帝国的战争。直到1878年《柏林条约》

黑山共和国的布德瓦(Budua),亚得里亚海岸的古老定居点。

签订,正式承认了黑山独立。虽然相比于沙皇俄国与奥斯曼帝国签订的《圣斯特凡诺条约》,其领土有所减少,海岸线也被置于哈布斯堡王朝的监督之下,但沙皇俄国继续为其提供经济援

第四章　帝国衰落与民族觉醒

助，这些使得黑山可能作为一个独立国家存在。1910年，尼古拉一世自立为黑山国王。

五百年风云——奥斯曼帝国时期的巴尔干

第五章
帝国解体与巴尔干秩序重建

第一节 从帝国到共和国

第二节 巴尔干民族国家的建立

第三节 巴尔干的新秩序

经过19世纪一系列战争和民族独立运动的涤荡，奥斯曼帝国在巴尔干的统治范围大为"缩水"。进入20世纪，围绕奥斯曼帝国残存的巴尔干土地，又爆发了两次巴尔干战争。到第一次世界大战，旧有的巴尔干格局被彻底粉碎，奥斯曼帝国走向解体，在其原有的欧洲版图上，不仅有了希腊、罗马尼亚、保加利亚、黑山，还有了阿尔巴尼亚和南斯拉夫。新生的"土耳其共和国"仅继承了其原有欧洲版图中伊斯坦布尔及其周边不大的一块领土。昔日与奥斯曼帝国争夺边疆的哈布斯堡王朝也在第一次世界大战后消亡，而与奥斯曼帝国经历了十二次战争的沙皇俄国则在十月革命的炮火中蜕变为"苏维埃俄国"。巴尔干半岛进入后帝国时代。

第一节

从帝国到共和国

一、伊斯坦布尔的改革

历史学家一般将塞利姆三世（Selim III, 1761—1808）统治时期看作是奥斯曼帝国改革的开端。塞利姆三世在位时，提倡学习西方的先进科学技术，引入印刷术，并尝试组建新式步兵军团。但改革遭到保守派的抵制，塞利姆三世被废黜。直到1839年，后继者阿卜杜勒梅塞德一世（Abdülmecid I, 1823—1861）颁布《花厅御诏》（*Noble Edict of the Rose Chamber*），奥斯曼帝国才正式进入称为"坦齐玛特"（Tanzimat）的改革时代。

《花厅御诏》为改革制定了路线图。其主要内容为：保障帝国境内穆斯林和非穆斯林的生命、财产安全，保障所有人的荣誉与尊严；废除不合理的税收制度并革除其弊端；实行正规的、按照规章执行的征兵制度；废除没收财产的做法；对刑事被告人给予公平的、公正的审判；一切人不拘任何宗教信仰，在法律面前一律平等。

改革序幕由此拉开。

第一，改革法律。1840年5月，奥斯曼帝国颁布了新刑法，重申了法律面前人人平等的原则，并责成一个专门的团体负责起草法案。这标志着立法原则和立法机构在奥斯曼帝国首次出现，为之后的改革提供了法律保障。

第二，改革商业。1840年，奥斯曼帝国设立专门管理商业的部门以及专门处理商业纠纷的临时法庭，并参照法国模式制定了新的商业法。此外，改革派为稳定帝国经济还着手建立正式的国库和健全的货币制度，成立了欧洲式的银行，甚至还发行了国债。同时，奥斯曼帝国还对贪污受贿等行为作出法律处罚的规定。

第三，改革军队。1843年，奥斯曼帝国对军队的编制做出了重大改变，全军被改编为5个军团，正规军服役期限为5年，服役期满后转为预备役，年限为7年。军队兵员的补充采取抽签决定的征兵办法。所有关于军队的训练、装备、武器、编制等事项，均按照其他西方强国的办法来处理。

第四，改革参政方式。1845年，奥斯曼帝国开始从各行省选派贤明人士到伊斯坦布尔参与改革决策，他们被视为伊斯坦布尔的上宾，各种花销均由政府负担，但他们必须对帝国的现状和进一步改革的措施发表意见。

第五，改革教育。1845年，奥斯曼帝国任命了一个由精通司法、教育、军事等各类学科的人士组成的七人委员会，由他们在对帝国各类学校进行调查的基础上，组建新学校。1846年，该委员会起草了有关从小学到大学的现代教育体制全面发展规划。经过多年努力，奥斯曼帝国成立了专门管理教育的部门，创办了国立奥斯曼大学，开办了多所中学，其中包括一所女子学校，一所贫民学校和一所师范学校。1859年，奥斯曼帝国又建立了一所文官进修学校，这是土耳其安卡拉政治学院的前身。到1875年，奥斯曼帝国各类学校的在校学生达135万，其中军事院校的学生为2.7万，职业学校的学生为8.2万。

第六，改革行政体制。19世纪60年代，奥斯曼帝国推出了一套法国模式的新行政体制。首先,在各级政府部门中,分离司法职能和行政职能,并由苏丹委派设立各级立法机构;其次,在各级政府中实施代议制,由各级政府委派代表,参与决策。

尽管上述改革遭到很大的阻力,但是旧制度已经彻底被摧毁。对奥斯曼帝国来说,想通过一种简单地返回老路上去的政策,全面恢复旧有的制度和传统已经完全不可能了。

1876年,奥斯曼帝国颁布新宪法,宣布不再区分教区,强调奥斯曼帝国是一个没有任何理由可以被分割的整体。新宪法试图向欧洲列强宣示,帝国有能力自行改革,并希望用这部新宪法作为对付欧洲列强的有力武器。但《柏林条约》的签订给奥斯曼帝国的改革派带来沉重一击。随着希腊、罗马尼亚、塞尔维亚永久脱离奥斯曼帝国而独立,保加利亚获得自治,奥匈帝国占领波斯尼亚和黑塞哥维那,英国占领塞浦路斯,沙皇俄国取得了奥斯曼帝国在欧亚具有战略意义的边疆地区,奥斯曼帝国内部要求改革的呼声日益高涨。而此时执政的阿卜杜勒哈米德二世(Abdlhamid Ⅱ,1842—1918)一心希望通过铁腕专制保全奥斯曼帝国所剩不多的欧洲领土。

为反抗阿卜杜勒哈米德二世的独裁专制,青年土耳其党异军突起。青年土耳其党是由流亡巴黎的反对派于1895年成立的反对党组织。1908年,青年土耳其党通过兵变,推翻了阿卜杜勒哈米德二世的专制统治,发动宪政革命,执政掌权。

青年土耳其党执政后迅速建立了现代行政管理制度，提高地方官员办事效率，加强中央对地方的控制；鼓励发展工业，促进国民消费，推动经济发展；扩大妇女受教育权，倡导新婚姻法。青年土耳其党的改革措施重创了奥斯曼帝国的传统政治秩序，苏丹和哈里发制度名存实亡。

但是，这些改革并未成为挽救帝国的灵丹妙药。由于青年土耳其党内部分裂及反对派的暗中活动，1912年7月，反对派将青年土耳其党人赶下台，并组成了自由派的新政府。

二、两次巴尔干战争

奥斯曼帝国希望借"西化"重新回到欧洲强国的队伍中。但战争的阴影一直笼罩着巴尔干。除了欧洲列强虎视眈眈，民族独立运动风起云涌，20世纪的巴尔干确如一只随时可能爆炸的火药桶。

1912年，四个从奥斯曼帝国独立出去的东正教国家——希腊王国、保加利亚王国、塞尔维亚王国和黑山王国，组成对抗奥斯曼帝国的"巴尔干同盟"。1912年10月，"巴尔干同盟"的四国相继对奥斯曼帝国宣战，要求其撤出巴尔干。奥斯曼帝国拒绝了这个要求，战争随即爆发。

"巴尔干同盟"各国在民族解放斗争目标的鼓舞下，军队士

第五章　帝国解体与巴尔干秩序重建

气高昂，很快就大获全胜。塞尔维亚王国、黑山王国两国占领马其顿和亚得里亚海沿岸，保加利亚王国控制伊斯坦布尔以西地区，希腊占领爱琴海诸岛；奥斯曼帝国军败退到埃迪尔内、约阿尼纳（Ioánnina）和斯库台等地。1912 年 11 月，奥斯曼帝国被迫请求欧洲列强进行和平协调。

1913 年 5 月 30 日，"巴尔干同盟"与奥斯曼帝国在伦敦召开和会，奥匈帝国也加入和谈。为避免塞尔维亚得到阿尔巴尼亚后拥有出海通道，奥匈帝国坚持主张阿尔巴尼亚独立。最终，各方签订《伦敦条约》，在奥斯曼帝国统治下的马其顿地区由塞尔维亚、保加利亚及希腊瓜分，塞萨洛尼基并入希腊，阿尔巴尼亚独立。《伦敦条约》使得塞尔维亚建立一个包含塞尔维亚、黑山、波斯尼亚、黑塞哥维那及阿尔巴尼亚的"大塞尔维亚"的梦想受挫，激发了塞尔维亚民族主义者对奥匈帝国的愤恨。阿尔巴尼亚虽获得独立，但有大量阿尔巴尼亚人居住的科索沃却并入了塞尔维亚。而战败的奥斯曼帝国几乎丧失了其在巴尔干的所有领土。

第一次巴尔干战争后，塞尔维亚王国和保加利亚王国因马其顿地区的统治权问题产生分歧。保加利亚希望拥有整个马其顿，而塞尔维亚因未得到通往亚得里亚海的出海口，希望获得领土最多的保加利亚能划出马其顿的一部分作为补偿；希腊则认为其有权占有马其顿的南部和西色雷斯，甚至未参加巴尔干同盟的罗马尼亚王国也要求占有南多布罗加。

1913年6月，塞尔维亚和希腊秘密订立反保加利亚同盟，罗马尼亚随即加入。此时，保加利亚王国因获得了奥匈帝国方面的支持，先发制人，突然向塞尔维亚和希腊发动进攻。不久，罗马尼亚和黑山两国相继参战，加入塞尔维亚一方。奥斯曼帝国为乘机收复失地，随即向保加利亚发动进攻，第二次巴尔干战争爆发。因保加利亚王国屡战屡败，加上奥匈帝国的支援迟迟未到，保加利亚国王斐迪南一世（Ferdinand I, 1861—1948）被迫求和，整个战事持续了不到一个月的时间。

1913年8月，保加利亚王国与塞尔维亚王国、希腊王国、黑山王国和罗马尼亚王国签订《布加勒斯特条约》，保加利亚同意马其顿由塞尔维亚、希腊分占，塞尔维亚得到了包括今天的比托拉（Bitola）和科索沃等地在内的马其顿土地；希腊得到了爱琴海地区的马其顿土地，其范围包括了今天的塞萨洛尼基及马其顿南部（包括萨洛尼卡）、色雷斯西部和克里特岛；黑山得到少量领土；罗马尼亚得到了北多布罗加。战败的保加利亚得到皮林（Pirin）地区的马其顿土地，但失掉了在第一次巴尔干战争中获得的大部分土地。1913年9月，保加利亚王国又与奥斯曼帝国签订《伊斯坦布尔条约》（Treaty of Istanbul），将东色雷斯和亚得里亚堡归还给奥斯曼帝国。

第二次巴尔干战争增加了塞尔维亚王国的实力，进一步阻止了奥匈帝国在巴尔干半岛的扩张,同时,还激发了波斯尼亚和黑塞哥维那要求摆脱奥匈帝国统治的民族独立运动的发展。而沙皇俄国试图借支持塞尔维亚进一步加强在巴尔干地区的势力。围绕着塞尔维亚王国与奥匈帝国的矛盾,第一次世界大战一触即发。

三、土耳其共和国的诞生

第一次世界大战爆发为奥斯曼帝国的解体敲响了丧钟。

1914年10月,奥斯曼帝国的两艘战舰炮击沙皇俄国在黑海沿岸的多艘战舰。同年11月,沙皇俄国、英国、法国先后向奥斯曼帝国宣战。1914年11月,苏丹穆罕穆德五世(Mehmed V,1844—1918)在伊斯坦布尔亲自主持仪式,宣布发动"圣战",号召在英法俄居住的穆斯林,奋起反抗异教徒。就这样,奥斯曼帝国卷入第一次世界大战,并与德国、奥匈帝国组成同盟国,共同对抗作为协约国的英法俄。

1918年,第一次世界大战结束,作为战败方的奥斯曼帝国,其欧洲疆域领土大都被协约国军队占领。1919年2月,协约国联军以战胜者身份进入伊斯坦布尔,处于被肢解边缘的奥斯曼帝国正在酝酿一场自我革命。

1920年5月,奥斯曼帝国收到巴黎和会商定的条款。根据

此条款,奥斯曼帝国的所有欧洲领土,除首都伊斯坦布尔周围的一小块土地之外,将被全部割让;帝国的海峡实行非军事化管理,向所有船只开放;帝国的重镇伊兹密尔交给希腊管理,亚美尼亚独立、库尔德自治。帝国全面恢复治外法权,财政均由协约国控制。

1920年8月,奥斯曼帝国的代表在塞夫勒(Sèvres)签署条约。条约的内容激发了奥斯曼帝国内部广泛的民族主义运动。其中,杰出的民族主义运动领袖穆斯塔法·凯末尔(Mustafa Kemal, 1881—1938)提出"土耳其国家、土耳其人民、土耳其语言"的原则,主张建立以土耳其民族为主导的独立主权国家。

早在1920年4月,大国民议会政府已在安卡拉成立。穆斯塔法·凯末尔当选大国民议会主席,并主持部长会议。1921年1月,宪政法律将这一机制具体化,宣布这个无条件拥有主权的国家就是"土耳其"。在穆斯塔法·凯末尔的领导下,土耳其抵御了欧洲列强的数次武装干涉,赶走了希腊军队。1922年11月,土耳其国民议会通过决议,废除苏丹君主政体。1923年7月,协约国签署《洛桑条约》(*Treaty of Lausanne*),承认土耳其独立。同年10月,土耳其共和国宣布成立,穆斯塔法·凯末尔当选共和国首任总统。

当然,在第一次世界大战中新生的巴尔干国家不仅有土耳其共和国,还有阿尔巴尼亚、南斯拉夫和罗马尼亚。

第二节
巴尔干民族国家的建立

一、阿尔巴尼亚共和国

1415年，奥斯曼帝国征服阿尔巴尼亚，斯坎德培率领阿尔巴尼亚人奋起反抗，起义持续数年。在镇压了斯坎德培起义之后，奥斯曼帝国将阿尔巴尼亚变为其欧洲核心行省鲁梅利亚的一部分，实行蒂玛尔制度。在奥斯曼帝国统治期间，阿尔巴尼亚地区也受到"奥斯曼化"的影响。随着时间的推移，越来越多的阿尔巴尼亚人皈依了伊斯兰教，相当一部分人还在政府和军队中身居高位，甚至有人位居大维齐尔。

18世纪下半叶后，随着奥斯曼中央集权的衰落，阿尔巴尼亚地区逐渐为南北两大地方势力所控制。北方是以斯库台为中心的布沙提家族（Bushati family），南方是以亚尼纳（Yania）为中心的台佩莱纳家族（Tepelena family）。

18世纪末至19世纪初，阿里·台佩莱纳（Ali Tepelena, 1774—1822）利用奥斯曼帝国与哈布斯堡王朝、沙皇俄国的战争，不断扩大自己的势力范围，并一度谋求沙皇俄国与英国的支持，以获得独立。1820年8月，奥斯曼帝国的苏丹马哈茂德

阿尔巴尼亚古城吉诺卡斯特(Gjirokastra),保存着诸多奥斯曼帝国时期的建筑,2005年入选世界文化遗产。

第五章　帝国解体与巴尔干秩序重建

二世（Mahmud II, 1785—1839）派兵包围了亚尼纳，次年 1 月攻克该城。之后，杀死了阿里·台佩莱纳。1775 年，谋求自治的穆罕穆德·布沙提（Mehmed Bushati）被苏丹毒死。19 世纪 20 年代，奥斯曼帝国与沙皇俄国战争期间，穆罕穆德·布沙提的继任者穆斯塔法·谢里夫·布沙提（Mustafa Sherifi Bushati）为实现独立，与沙皇俄国结成秘密同盟。1830 年，苏丹派兵镇压。

两大家族的独立活动在很大程度上激发了阿尔巴尼亚人的民族意识的觉醒。十九世纪三四十年代，阿尔巴尼亚民族复兴运动兴起。奥斯曼帝国的统治者遂通过禁止使用阿尔巴尼亚语言、禁止开办阿尔巴尼亚语学校、禁止传播阿尔巴尼亚文化等方式竭力阻止。受到阻挠的民族复兴先驱们逃至罗马尼亚和意大利等地，继续编写阿语教材和宣传材料，并偷运入境，进行地下传播。

1878 年，《圣斯特凡诺条约》的签订极大地激发了阿尔巴尼亚人的民族情绪。根据这一条约，将近一半的阿尔巴尼亚人居住地区被划给周边国家，包括北部的黑山、东北部的塞尔维亚、东部的保加利亚和南部的希腊。在危急关头，阿尔巴尼亚的民族复兴运动领袖在科索沃南部的普里兹伦（Prizren），成立了"普里兹伦同盟"。该同盟誓将科索沃、斯库台、比托拉和亚尼纳四个阿尔巴尼亚人占绝大多数的行省统一起来，成立民族自治国家。但"普里兹伦同盟"遭到奥斯曼帝国的镇压，大批民族独立的活动家被迫流亡海外。

除了奥斯曼帝国的阻挠，欧洲列强的干涉对阿尔巴尼亚的民族独立也产生了重要影响。其中，沙皇俄国和奥匈帝国为扩张领土，不断蚕食奥斯曼帝国的地盘。1908年，为阻止沙皇俄国支持塞尔维亚人占领达尔马提亚海岸，奥匈帝国宣布兼并波斯尼亚和黑塞哥维纳，并希望通过承认阿尔巴尼亚独立，遏制泛斯拉夫主义和塞尔维亚的扩张。1912年，第一次巴尔干战争爆发，因奥斯曼帝国军队在巴尔干同盟的进攻下节节败退，阿尔巴尼亚的大片土地被占领。1912年11月，在奥匈帝国和意大利的支持下，伊斯梅尔·捷马利（Ismail Qemali, 1844—1919）在发罗拉（Vlore）宣布阿尔巴尼亚独立。

1913年5月签订的《伦敦条约》承认阿尔巴尼亚独立。黑山和塞尔维亚从阿尔巴尼亚境内撤军。但阿尔巴尼亚西北的部分领土被划归黑山，北部和东部包括科索沃地区和马其顿西部地区的大片领土被划归塞尔维亚，南部的恰梅里地区（Çamëri）划归希腊。至此，近一半的阿尔巴尼亚人和土地被划在阿尔巴尼亚境外。

第一次世界大战爆发后，阿尔巴尼亚被意大利、塞尔维亚、黑山和希腊军队占领。意大利成为阿尔巴尼亚的保护国，而其他三国则希望借此机会继续瓜分阿尔巴尼亚。第一次世界大战结束后，由于巴黎和会的谈判对阿尔巴尼亚十分不利，1920年

1月，阿尔巴尼亚各界人士在卢什涅（Lushnje）召开代表大会，成立救亡新政府，捍卫了领土的完整性。1922年，保守派阿赫迈德·索古（Ahmet Zogu, 1895—1961）出任总理。1925年1月，阿赫迈德·索古宣布阿尔巴尼亚为共和国，自任总统。此后，阿尔巴尼亚成为真正的独立主权国家。

二、南斯拉夫王国

随着民族解放运动的日益高涨，波斯尼亚和黑塞哥维那两地的斯拉夫人，强烈要求摆脱奥匈帝国统治，与塞尔维亚合并，建立统一的南斯拉夫国家。为了实现这个目的，一些激进的塞尔维亚青年甚至建立了秘密反抗组织，从事针对奥匈帝国的恐怖活动。

1914年6月28日，奥匈帝国的军事演习如期在萨拉热窝举行。面对奥匈帝国的挑衅行为，塞尔维亚的民族主义者策划了谋杀行动。在哈布斯堡王朝王位继承人弗朗茨·斐迪南（Franz Ferdinand, 1863—1914）大公夫妇检阅完军事演习返回萨拉热窝市政厅的途中，塞族青年内德杰尔科·查卜林诺维奇（Nedjelko Cabrinovic, 1895—1916）突然向斐迪南夫妇乘坐的汽车投了一枚炸弹。这枚炸弹只炸伤了一名随从。然而，事情没有就此结束。

萨拉热窝拉丁桥。1914年6月28日,斐迪南大公夫妇被刺杀的现场。

当斐迪南夫妇乘车从市政厅返回经过拉丁桥的时候,另一名塞族青年加夫里洛·普林西普(Gavrilo Princip,1894—1918)飞身上前,开枪击毙了斐迪南夫妇。后来,南斯拉夫为了纪念这位热血青年,把这座桥更名为普林西普桥,桥头竖起一块纪念碑,上面嵌着一双据说是他留下的脚印。

拉丁桥枪击事件发生后,奥匈帝国政府向塞尔维亚政府提出最后通牒,并于7月28日宣战。第一次世界大战正式爆发。沙皇俄国立即发动军事总动员以示对塞尔维亚人的支持。7月31日,站在奥匈帝国一边的德国政府分别向法国和沙皇俄国发出最后通牒,要求沙皇俄国停止军事总动员和要求法国在德俄战争中保持中立。沙皇俄国拒绝了德国的最后通牒,并于8月1日对德宣战,法国也以军事总动员来回答德国。8月3日,德

第五章　帝国解体与巴尔干秩序重建

国对法国宣战，8月4日，支持比利时中立国地位的英国对德宣战。此后，更多国家卷入其中。

第一次世界大战爆发后，奥匈帝国迫使其境内的克罗地亚人、斯洛文尼亚人甚至波斯尼亚和黑塞哥维纳的塞尔维亚人向塞尔维亚进攻，南部斯拉夫人相互厮杀在一起。1915年5月，来自克罗地亚的政治活动家们在巴黎组建了一个"南斯拉夫人委员会"，其成员除了克罗地亚人之外，还有斯洛文尼亚人和塞尔维亚人。在宣言中，南斯拉夫人委员会号召生活在奥匈帝国中的南斯拉夫人断绝与哈布斯堡王朝的关系，实现民族的解放和国家统一。

1917年2月，沙皇俄国爆发革命，罗曼诺夫王朝被推翻。在战场遭遇失败的哈布斯堡王朝也岌岌可危。在这种形势下，塞尔维亚政府与南斯拉夫委员会于7月在希腊的科孚岛举行会议，商讨南斯拉夫各民族建立统一国家的问题，并签署《科孚宣言》(*Corfu Declaration*)。根据这个文件，塞尔维亚人、斯洛文尼亚人和克罗地亚人将组成一个"民主的议会制君主国"，三个民族一律平等。

1918年8月，斯洛文尼亚各政党的代表建立了斯洛文尼亚国民委员会。10月初，该委员会宣布建立"斯洛文尼亚人、克罗地亚人和塞尔维亚人国"。与此同时，塞尔维亚军队随着协约国发起总攻，于11月1日解放了贝尔格莱德。11月24日，"斯

斯洛文尼亚首都卢布尔雅那（Ljubljana）。6世纪，斯洛文尼亚人进入巴尔干后曾在此建立最早的居民点。

洛文尼亚人、克罗地亚和塞尔维亚人国"宣布与塞尔维亚、黑山联合成为统一的国家。实际上，黑山王国的尼古拉一世一直支持黑山并入塞尔维亚，建立一个全体塞尔维亚人为主的大塞尔维亚国，只不过在王位问题上与塞尔维亚一直争执不下。11月26日，尼古拉一世被废黜。11月28日，黑山宣布正式并入塞尔维亚。12月1日，"塞尔维亚—克罗地亚—斯洛文尼亚王国"正式成立。1921年，塞尔维亚国王亚历山大一世·卡拉乔尔杰维奇（Alexander I Karađorđević, 1881—1934）登上王位。1929年，国名改为南斯拉夫王国。这是历史上第一个南部斯拉夫人的统一国家，当时人口约有1190万，领土面积24.8万平方公里。

三、罗马尼亚统一

罗马尼亚虽然在 1878 年就独立了,但并不完整,特兰西瓦尼亚还处于匈牙利统治之下。1883 年,因担心沙皇俄国南下谋取君士坦丁堡和控制黑海到爱琴海交通要道,罗马尼亚与奥匈帝国订立秘密条约。根据这个密约,在一方受到攻击的情况下,另一方有提供军事援助的义务。但由于特兰西瓦尼亚的罗马尼亚人长期受到奥匈帝国压制,第一次世界大战爆发后,在舆论强压下,罗马尼亚宣布中立。

经过近两年的观望,德国和奥匈帝国的进攻势头弱了下来,而沙皇俄国和法国声称罗马尼亚如不参战就不被接纳为同盟国。在此背景下,1916 年 8 月,罗马尼亚与法国、英国、意大利和沙皇俄国在布加勒斯特进行谈判,与四国签订了同盟和军事专约。据此,沙皇俄国保证将在多布罗加以两个步兵师和一个骑兵师支援罗马尼亚,盟国则将在加里西亚(Galicia)和萨洛尼卡采取进攻行动以配合罗马尼亚反奥匈帝国的行动。

1916 年 8 月 27 日,罗马尼亚政府正式对奥匈帝国宣战,动员的军队超过 83 万人。参战后,罗马尼亚军队越过喀尔巴阡山,解放了特兰西瓦尼亚三分之一的领土。不过,战局很快就发生了逆转,罗马尼亚军队在多布罗加遭遇了保加利亚、德国和奥斯曼帝国联军的袭击,受到重创。与此同时,另一支保加利亚、德国和奥斯曼帝国联军渡过多瑙河,向东挺进,攻下了布加勒斯特。在沙皇俄国和法国的支持下,罗马尼亚军队进行了抵抗。但由于新生的苏维埃俄国于1917年11月开始同德国和谈,东线停战,罗马尼亚遂与同盟国缔结了临时停战协定。

1918年5月7日签订的《布加勒斯特条约》几乎将罗马尼亚殖民地化。根据这个条约,保加利亚获得南多布罗加和靠近切尔纳沃达—康斯坦察(Cernavoda–Constanta)铁路线的多布罗

罗马尼亚布科维纳的彩绘修道院,15—16世纪著名的东正教修道院。墙上的彩绘还刻画了奥斯曼军队围攻摩尔达维亚的情形。

加地区；多布罗加剩余部分由四个战胜国共管，直到保加利亚和奥斯曼帝国达成谅解为止。奥匈帝国获得喀尔巴阡山地区和苏恰瓦（Suceava）的许多村庄。罗马尼亚军队裁减到平时编制的八个师团，比萨拉比亚的两个步兵师和两个骑兵师保持战时编制。粮食、牲畜和其他食品的出口由德国和奥匈帝国垄断；德罗贝塔·图尔努—塞维林（Drobeta Turnr–Severi）造船厂由奥匈帝国接管；石油由德国的一家公司垄断，为期30年；多瑙河航运和木材加工归德国和奥匈帝国垄断；国民银行和公共财政由德国专员控制。

不过，没等这个使罗马尼亚殖民地化的条约实施，同盟国已开始溃败。1918年11月11日，罗马尼亚新政府宣布废除《布加勒斯特条约》，重新参战，并占领特兰西瓦尼亚。1919年6月28日，《凡尔赛条约》（Treaty of Versailles）承认罗马尼亚对特兰西瓦尼亚拥有主权。但在第二次世界大战期间，特兰西瓦尼亚北半部又被第二次维也纳仲裁裁决，划给了匈牙利。直到第二次世界大战结束后，特兰西瓦尼亚才再次并入罗马尼亚，实现了统一。同时并入罗马尼亚的还有布科维纳（Bukovina），它原为摩尔达维亚的领地，19世纪后期被奥匈帝国占领。

  五百年风云：奥斯曼帝国时期的巴尔干

第三节
巴尔干的新秩序

一、帝国时代的遗产

第一次世界大战不仅埋葬了奥斯曼帝国，还终结了对巴尔干地区影响至深的其他三个帝国：沙皇俄国、奥匈帝国和德意志第二帝国。在支离破碎的帝国废墟上，希腊、保加利亚、罗马尼亚、阿尔巴尼亚、南斯拉夫以及占据一小部分巴尔干土地的土耳其均获得了前所未有的独立。相对而言，他们不再是哪个帝国的附庸，也不再受哪个帝国的控制，但他们的发展进程并不顺利。

首先是领土问题。巴尔干地区新独立各国的边界大都是经过战争，由战胜国与战败国通过协约划定的，但其中多有欧洲列强的影子。最突出的就是罗马尼亚与匈牙利之间的特兰西瓦尼亚问题、保加利亚与南斯拉夫的马其顿问题。

根据1920年6月签订的《特里亚农条约》，匈牙利四分之三的领土和三分之二的人口让给了捷克斯洛伐克、罗马尼亚和南斯拉夫。为夺回特兰西瓦尼亚，匈牙利先是与奥地利、意大利结成多瑙河集团，后又退出国际联盟，加入德意日轴心国的

"反共产国际协定",走上法西斯主义的道路。在第二次世界大战中,匈牙利占领了特兰西瓦尼亚的北部。直到第二次世界大战结束,罗马尼亚与匈牙利才按照1920年划定的界线确定了两国的边界,特兰西瓦尼亚回到罗马尼亚。

根据1919年11月签订的《纳伊条约》(*Treaty of Neuilly*),保加利亚的西部马其顿地区被希腊、塞尔维亚—克罗地亚—斯洛文尼亚和罗马尼亚分割。为夺回失去的领土,保加利亚在第一次世界大战后积极主张修约,而南斯拉夫则反对修约,并与罗马尼亚、希腊和土耳其结成"巴尔干协约国",在外交上孤立保加利亚。保加利亚先是与苏联建立外交关系,寻求支持,后又通过经济往来,与德国建立紧密关系,为第二次世界大战中"选边""站队"埋下了种子。

其次是民族宗教问题。最典型的是南斯拉夫。新独立的巴尔干各国几乎都是多民族的,但没有哪一个像南斯拉夫那样复杂。卡拉乔治维奇王朝执政期间提出了"一个国家,一个国王,一个民族"的口号,强调南斯拉夫是称为"塞尔维亚—克罗地亚—斯洛文尼亚"的"统一民族",黑山人是塞尔维亚的一支,马其顿人是南塞尔维亚人;穆斯林则是宗教信仰问题,不是民族的标志。南斯拉夫基本上是一个斯拉夫民族国家,其他民族都是少数民族。1921年,制宪会议通过的《维多夫丹宪法》(*Vidovdan Constitution*)进一步确认了南斯拉夫为斯拉夫民族国家，因而在国家结构形式上推行中央集权的单一制。该宪法虽然得到通过，但引起了克罗地亚、斯洛文尼亚、黑山以及波斯尼亚和黑塞哥维那等地区民众的不满。大规模的抗议示威活动导致国王亚历山大一世于1929年1月宣布废除宪法，解散议会，实行独裁专制。

此外，南斯拉夫还面临集领土与民族、宗教于一体的科索沃问题。对于笃信东正教的塞尔维亚人来说，科索沃是古塞尔维亚王国的中心、东正教的圣地；但是在阿尔巴尼亚人眼中，科索沃则是他们的祖先伊里利亚人的发祥之地。6世纪，斯拉夫人进入巴尔干半岛之后，阿尔巴尼亚人与斯拉夫人和平相处，共同在此生活。奥斯曼帝国征服科索沃之后，皈依伊斯兰教的阿尔巴尼亚人与信仰东正教的塞尔维亚人开始出现矛盾。

17世纪后，因奥斯曼帝国与哈布斯堡王朝的战争，成千上万的塞尔维亚人逃往哈布斯堡王朝统治的地区，这种情况一直持续到20世纪，阿尔巴尼亚人逐步成为科索沃的主要人口。第一次世界大战后，科索沃正式并入塞尔维亚—克罗地亚—斯洛文尼亚王国。1919—1941年期间，南斯拉夫对科索沃的阿尔巴尼亚人采取了一系列报复措施，将他们驱赶至土耳其，然后迁入塞尔维亚人。

1941年，南斯拉夫在第二次世界大战中被轴心国瓜分，科索沃被墨索里尼拼凑的"大阿尔巴尼亚"吞并，有近10万塞尔维亚人被迫逃离家园。1945年2月,第二次世界大战即将结束之际,科索沃的阿尔巴尼亚人起义并成立了军政府。因军政府禁止原来居住在科索沃的塞尔维亚人和黑山人返回科索沃,南斯拉夫军队同阿尔巴尼亚军人展开激战,最终南斯拉夫军队重新控制了科索沃,成千上万名阿尔巴尼亚穆斯林被流放到土耳其,科索沃再次成为南斯拉夫的组成部分,并隶属于塞尔维亚共和国。但此后,双方矛盾不断,直到南斯拉夫社会主义联邦共和国解体后,科索沃战争爆发。

二、走上社会主义道路

第二次世界大战前,从政治体制来说,除了土耳其是民主政体,保加利亚是法西斯专政,希腊、罗马尼亚、南斯拉夫和阿尔巴尼亚都是君主国家。他们没有一个与苏联的社会主义体制接近。从对外关系上说,希腊亲英国,保加利亚亲德国,阿尔巴尼亚亲意大利,罗马尼亚试图在英国、法国、德国及苏联之间搞平衡,没有一个是与苏联结盟的。第二次世界大战期间,保加利亚和罗马尼亚站在轴心国一边,与苏联为敌;南斯拉夫和阿尔巴尼亚被法西斯占领,希腊和土耳其加入同盟国,总体上都是亲英美的。

但是，第二次世界大战结束后，情况发生了显著变化。反法西斯力量取得绝对性胜利，德国及意大利在巴尔干地区的影响力被消解。与此同时，巴尔干地区正在成为苏联的势力范围。因为在第二次世界大战期间，无论是依附于轴心国的国家，还是被占领的国家，领导国内抵抗运动的共产党都与苏联有着非同一般的关系。因此，在第二次世界大战结束后，除了地处巴尔干南端的希腊和仅占巴尔干一隅的土耳其，其他国家在对外关系上都很难继续与英法美发生密切联系。在这一背景下，巴尔干地区的南斯拉夫、阿尔巴尼亚、保加利亚、罗马尼亚与同处东欧的波兰、匈牙利、捷克斯洛伐克逐步向苏联模式的社会主义转变，确立了共产党在政治生活中的领导地位。

南斯拉夫共产党的前身是1919年4月成立的社会主义工人党，1920年6月改名为南斯拉夫共产党。第二次世界大战中，南斯拉夫共产党领导全国人民进行了反对法西斯占领、争取民族解放的武装斗争。1945年3月，南斯拉夫临时政府成立，为得到各大国的承认，吸收了流亡在伦敦的王国代表，组成联合政府。共产党主席约瑟普·布罗兹·铁托（Josip Broz Tito, 1892—1980）出任政府总理兼国防部长。第二次世界大战结束后，1945年11月29日，南斯拉夫联邦人民共和国宣告成立，同时宣布废除君主制，共产党成为南斯拉夫政治生活中的主要领导力量。

阿尔巴尼亚共产党成立于1941年11月8日。1943年3月，

第五章 帝国解体与巴尔干秩序重建

阿尔巴尼亚共产党召开第一次代表会议，选举恩维尔·霍查（Enver Hoxha, 1908—1985）为中央委员会总书记。1944年5月，阿尔巴尼亚共产党召开第一次反法西斯民族解放代表大会，选出反法西斯民族解放委员会作为阿尔巴尼亚最高的立法机关和执行机关。1944年5月28日，民族解放军发动解放阿尔巴尼亚的总攻势。1944年10月，反法西斯民族解放会议第二次会议，决定将反法西斯民族解放委员会改为阿尔巴尼亚民主政府，恩维尔·霍查任主席。1944年11月29日，阿尔巴尼亚全国解放。共产党作为国内唯一的政党，毫无异议地成为政治领导力量，它领导人民没收了外国资本，废除了以往同外国签订的不平等条约，进行了土地改革。1946年1月11日，制宪会议宣布成立阿尔巴尼亚人民共和国。

保加利亚共产党成立于1919年3月。1923年，因起义失败，保加利亚共产党转入地下。1938年，保加利亚共产党与同处于地下状态的保加利亚工人党合并，改称保加利亚工人党。1941年，保加利亚工人党组建了特别军事委员会，1942年成立了联合一切反法西斯力量的祖国阵线，在全国开展游击战争。1944年9月，在苏联红军帮助下，祖国阵线发动起义，推翻了亲西方的政权，成立祖国阵线政府。1946年9月，全民公决废除君主制，当时年仅9岁的国王西麦昂二世（Simeon II, 1937—2001）流亡西班牙，保加利亚人民共和国就此宣告成立。1946年11月，工人党领袖格奥尔基·季米特洛夫（Georgiy Dimitrov, 1882—1949）出任共和国第一任总理。1948年12月，保加利亚工人党改名为保加利亚共产党，季米特洛夫当选为保加利亚共产党中央委员会总书记。

罗马尼亚的第一个社会主义政党叫社会民主工党，成立于1893年，1918年改称罗马尼亚社会党。1921年，罗马尼亚社会党更名为共产党，同年6月，部分社会党领导人另成立社会党联盟。1927年5月，在社会党联盟的基础上，成立了社会民主党。1944年8月，苏联红军进入罗马尼亚后，亲纳粹的扬·安东内斯库（Ion Antonescu, 1882—1946）政权被推翻。1945年3月，在苏联的支持下，罗马尼亚著名爱国人士彼特鲁·格罗查（Petru Groza, 1884—1985）主持成立多党派的联合政府。经过多次更迭，罗马尼亚政治格局逐渐发生变化，资产阶级代表被赶出政府，民主力量占据主导地位。1947年12月30日，国王米哈伊一世（Mihai I, 1921—2017）宣布退位，议会通过法令宣布罗马尼亚人民共和国成立。1948年2月，社会民主党与罗马尼亚共产党合并，改称罗马尼亚工人党，长期执政。

第五章　帝国解体与巴尔干秩序重建

三、地区秩序的整合与重建

第二次世界大战后，除了希腊和土耳其之外，巴尔干地区各国逐步确立了共产党在政治生活中的主导地位。随着冷战的爆发，南斯拉夫、阿尔巴尼亚、罗马尼亚、保加利亚，与波兰、匈牙利和捷克斯洛伐克相继加入以苏联为核心的社会主义阵营，先后走上苏联模式的社会主义发展道路。其中，南斯拉夫于1963年改为"南斯拉夫社会主义联邦共和国"，罗马尼亚于1965年将国名改为"罗马尼亚社会主义共和国"，阿尔巴尼亚于1976年改国名为"阿尔巴尼亚社会主义人民共和国"。

尽管如此，巴尔干各社会主义国家在与苏联的关系上还是各有特色。其中，保加利亚无论在社会发展模式，还是在对外关系上始终与苏联保持一致。南斯拉夫则不断尝试走一条与苏联模式不同的自治道路，因而与苏联的关系时好时坏。阿尔巴尼亚和罗马尼亚则在强化苏联模式的同时，与苏联关系日渐疏远。当然，直到苏联解体，巴尔干地区的社会发展与对外关系很大程度上都受苏联的影响。而西方也没有越过冷战的所谓"铁幕"篱笆，公开插手包括巴尔干在内的整个东欧地区的事务。

1989年，苏联解体引发东欧剧变，巴尔干各共产主义政党纷纷改旗易帜。1989年12月22日，由罗马尼亚共产党主席尼库·齐奥塞斯库（Nicu Ceausescu, 1951—1996）领导的政权被推翻，罗马尼亚救国阵线委员会接管国家一切权力，改行多党制，并改国名为"罗马尼亚"；1990年，保加利亚共产党改称保加利亚社会党，宣布实行多党制议会民主制，同年11月，保加利亚人民共和国改名为"保加利亚共和国"；1991年3月，阿尔巴尼亚举行首次多党大选，劳动党赢得胜利，接下来召开的阿尔巴尼亚人民议会第一次会议宣布实行三权分立和总统制，改国名为"阿尔巴尼亚共和国"；南斯拉夫的情况则更为复杂，不仅在社会制度上出现"转向"，而且分裂为六个独立的民族国家。

南斯拉夫由塞尔维亚、克罗地亚、斯洛文尼亚、波斯尼亚和黑塞哥维那、黑山、马其顿六个加盟共和国组成。1990年6月，南斯拉夫联邦政府宣布实行多党制和议会民主制，各加盟共和国的反对党派迅速崛起。1990年12月，斯洛文尼亚经全民公决宣布独立；1991年5月，克罗地亚经全民公决宣布独立；1991年11月，马其顿经全民公决宣布独立；1992年3月，波斯尼亚和黑塞哥维那，简称"波黑"，经全民公决宣布独立；1992年4月27日，塞尔维亚和黑山宣布组成南斯拉夫联盟共和国，简称"南联盟"。

在波黑独立过程中，由于塞尔维亚族坚决抵制，导致塞尔维亚人（塞族）与信仰伊斯兰教的波斯尼亚人（穆族）和克罗地亚人（克族）爆发历时三年的"波黑战争"。与之有族群联系的南联盟塞尔维亚共和国和克罗地亚也卷入其中。加上美国、俄

波黑塞族共和国首府巴尼亚卢卡（Banja Luka）。1528年，奥斯曼帝国占领该城。

罗斯、英国、法国、德国五国联络小组以及以美国为首的北约的参与，这场战争最终发展成第二次世界大战后在欧洲爆发的一次规模最大的局部战争。1995年11月21日，南联盟塞尔维亚共和国、波黑、克罗地亚三方在美国达成《代顿和平协议》（*Dayton Peace Accords*）。根据协议，波黑成为穆斯林、克罗地亚联邦与塞族共和国实体分治的统一国家，萨拉热窝为统一的波黑共和国首都。

波黑战争结束后，地区秩序并未转入和平。1996年，科索沃自治省阿尔巴尼亚族激进分子成立武装组织，开始运用暴力手段进行分离活动。1998年，南联盟政府军队进入科索沃对阿尔巴尼亚族武装组织进行打击。此次行动遭到美国及其盟国的指责，并以"人道主义灾难"为由对南联盟进行制裁，由此引发了20世纪最后一场对世界格局产生重要影响的"科索沃战争"。

1999年，以南联盟政府拒绝执行和平协议为由，美国领导的北约对南斯拉夫空袭78天。其中，5月8日，北约空袭部队的五枚导弹击中中国驻南联盟大使馆，酿成"炸馆事件"。1999年6月，南联盟接受和平协议，联合国和北约"接管"科索沃。

2003年2月，南联盟议会通过新宪章，改国名为"塞尔维亚和黑山国家联盟"，简称"塞黑"，取消"南斯拉夫"这一名称，组成松散的国家共同体，并约定3年后，两个成员国有权通过全民公决决定成立独立国家。2006年6月3日，黑山通过全民公决宣布独立。同年，6月5日，塞尔维亚宣布独立并成为塞黑联邦的法定继承国。2008年，科索沃宣布脱离塞尔维亚独立，但至今尚未获得国际社会普遍承认。至此，原南斯拉夫社会主义联邦共和国分裂为6个拥有独立主权的民族国家。其中，因希腊的反对，马其顿共和国于2019年2月12日更名为"北马其顿共和国"。

随着各国政治转型的完成，斯洛文尼亚、罗马尼亚、保加利亚、克罗地亚先后加入欧盟；阿尔巴尼亚、黑山、北马其顿、塞尔维亚以及波黑成为欧盟候选国。斯洛文尼亚、罗马尼亚、保加利亚、阿尔巴尼亚、克罗地亚、黑山、北马其顿亦先后加入北约。目前，只有波黑和塞尔维亚不是北约成员国。

此外，希腊和土耳其也经历了自身的变革。第二次世界大战后，流亡埃及的希腊国王乔治二世（George II, 1890—1947）于1946年回到希腊并复位。1967年，希腊发生军事政变，建立军人独裁政权。1974年，希腊军政府垮台，经全民投票，废除君主制，建立议会制共和国，希腊王国至此成为了历史。独立后的希腊一直与美国有着良好关系。第二次世界大战后，希腊又接受了美国"马歇尔计划"的援助，被美国视为盟友。1952年，希腊加入北约，1981年加入欧洲共同体，成为欧盟最早的十大成员国之一。

土耳其共和国成立后，废除了伊斯兰教君主政体，实行多党选举的政治制度，首都安卡拉的政治重心移到安纳托利亚。第二次世界大战爆发后，土耳其采取了种种措施，防止国家卷入战争。直到1945年2月战争的最后阶段，土耳其才正式向德国宣战，并因此成为战胜国，加入西方阵营。1952年，土耳其与希腊同时加入北约，成为美欧的盟友。1987年，土耳其申请加入欧洲共同体，1999年获得候选国资格，2005年启动入盟谈判，但至今尚无结果。

结语

作为横跨欧亚非的大帝国,奥斯曼帝国在辽阔疆域上形成了以苏丹为中心的高度集权的统治,从中央到地方有着固定的官僚体系,依靠明确的法律制度进行治理,帝国中的每一个人基于宗教信仰和职业都有自己的位置。但现实情况要复杂得多,尤其是在巴尔干。

奥斯曼帝国在巴尔干采取的是一种宗教宽容和文化多元的政策。罗杰·克劳利(Roger Crowley)认为,与让全世界都皈依伊斯兰教相比,奥斯曼帝国的苏丹更热衷于把自己建设成一个世界帝国。君士坦丁堡陷落之后,在很长一段时间里,欧洲移民都是由基督教国家迁往奥斯曼帝国的单向流动。不同宗教信仰、不同族群的人大都能在奥斯曼帝国境内找到适合自己的生活区域,比如犹太人、吉卜赛人。但奥斯曼帝国统治时期,巴尔干存在的四条暗藏的"分界线"最终成为影响该地区发展的重要因素。

第一,东西方基督教的"分界线"。在巴尔干,塞尔维亚人、黑山人、斯洛文尼亚人、克罗地亚人、保加利亚人,虽都是斯拉夫人,且生活的地理位置邻近,但却有着不同的基督教信仰。塞尔维亚人、保加利亚人和黑山人受拜占庭影响,接受东正教。斯洛文尼亚人和克罗地亚人则受西方影响,信仰天主教。这条分界线影响了南斯拉夫人的统一。无论是第二次世界大战期间,克罗地亚和塞尔维亚的极端民族主义组织之间的相互残杀,还

结　语

是波黑战争期间，塞族武装对克罗地亚人的屠杀，都与这条基督教的"分界线"有着深刻渊源。不仅如此，这条"分界线"还一度成为哈布斯堡王朝和沙皇俄国进入巴尔干地区的势力范围分界线。

第二，穆斯林与非穆斯林的"分界线"。奥斯曼帝国统治时期，由于对穆斯林与济米的划分，巴尔干出现了一个由伊斯坦布尔及其周边逐步向西延伸的穆斯林聚居区域，直至受德夫舍梅制度影响至深的波斯尼亚。这个区域被广受东正教影响的塞尔维亚和黑山地区分割成东西两个部分。西部的穆斯林主要分布在保加利亚、阿尔巴尼亚、科索沃地区、北马其顿西部以及土耳其的欧洲部分，东部的穆斯林主要分布在波斯尼亚和黑塞哥维纳，并形成了被称为"波斯尼亚克穆斯林（Bosniak Muslim）"的族群。而在如今塞尔维亚与黑山交界的地区，也曾是一片穆斯林聚居区。巴尔干的穆斯林聚居区是奥斯曼帝国艰难维持到20世纪初的根基。而这条"分界线"则是20世纪爆发的波黑战争及科索沃战争的根源之一。

第三，传统地缘政治的分界线。巴尔干半岛有两个基于地理位置形成的"边缘"地区，即临亚得里亚海的达尔马提亚和深入地中海的希腊地区。达尔马提亚主要由狭窄的沿海平原和众多的岛屿组成，迪纳拉（Dinara）山脉将其与内陆的潘诺尼亚平原隔开。当地居民习惯与亚得里亚海对岸的罗马地区及北面的威尼斯打交道，并出现了像杜布罗夫尼克这样的自治共和国。而希腊地区历来就是地中海的重要组成部分，是连接欧亚的重要通道。两个地区就像帝国对外的两个窗口，达尔马提亚主要面向威尼斯和西欧，而希腊则更多地面向中东、北非和安纳托利亚。像塞萨洛尼基、埃迪尔内（亚得里亚堡）以及伊斯坦布尔这样的城市，都是希腊商人从事对外贸易的重要基地。长期的对外贸易活动，使得上述地区在文化上更倾向于西方，而这种"离心力"，在民族独立运动中发挥了重要作用。

第四，"核心"行省与世袭省份的"分界线"。以多瑙河为界，这也是奥斯曼帝国中央集权能够直接到达的边界线。在多瑙河以南的"核心"行省，奥斯曼帝国采用严格的中央集权制度。而在多瑙河以北，针对匈牙利、特兰西瓦尼亚、瓦拉几亚、摩尔达维亚的争夺，奥斯曼帝国始终需要面对哈布斯堡王朝和沙皇俄国两个劲敌，其疆界处于拉锯式的变动中。不仅如此，在这个看似三方的争夺背后，其扰动因素还不止三方。由于联姻和继承，波兰也曾卷入这一地区的争夺。至19世纪，更有英法等域外强国干预其中。这条"分界线"决定了奥斯曼帝国的边疆必定是开放的。一方面，帝国没有能力在广袤的匈牙利平原上建立起密集的军事要塞；另一方面，常年的战争和哥萨克的崛起使得这一地区的人口不断南迁，留下草原城镇发展出一套不同于"核心"行省的自治机制，并在帝国的夹缝和多重宗主权下，

结 语

日益成为奥斯曼帝国的"动摇"地区。

四条"分界线"的存在,使得奥斯曼帝国无法在巴尔干地区实现人的融合,难以形成统一的民族认同。19世纪至20世纪,巴尔干的民族独立运动和民族国家建构即不同程度地受到四条"分界线"的影响,而它们之间的相互叠加亦是将巴尔干变成"火药桶"的原因之一。

帝国是人类历史上最重要的政治形态,人类进入文明社会后的绝大部分时间都生活在各种形式的帝国之中。但与同时代的西班牙、葡萄牙、荷兰、英国、法国等拥有海外殖民地的现代帝国不同,奥斯曼帝国既没有在政治上塑造出统一的民族认同,也未能在经济上孕育出资本主义。从这个意义上说,奥斯曼帝国是一个在现代化转型中遭遇失败的前现代帝国,而这也成为独立后的巴尔干各国面临的重大难题。

当然,造成奥斯曼帝国现代化转型失败的原因很多。有一个情况值得一提。根据珍妮特·L. 阿布-卢格霍德(Janet L. Abu-Lughod)的分析,早期世界体系生成于12世纪末至14世纪初,地域涵盖了从西北欧至中国的广阔区域。尽管该体系不是全球性的体系,并未囊括依然与世隔绝的美洲大陆与澳洲大陆,但比照此前的已知世界,它仍然是一个非常庞大的体系。16世纪后,世界体系重心西移,造成巴尔干在世界体系中的地位下降。与此同时,西欧经历了工业革命的早期发展,不仅推动了城市化进程,而且加速了封建庄园的瓦解。在此背景下,巴尔干盈余的农产品在商人的操作下热销西欧,新"地主"由此获利。投资农业成为有利可图的买卖,但也造成巴尔干地区的再农奴化。仍处于工业革命前期的巴尔干由此成为正在形成中的世界体系中的"初级产品供应区",这一"边缘"地位的固化也是造成巴尔干错失现代化转型机遇的重要原因。

参考书目

中文著作

曹焕旭、林悟殊:《世界民族史话》,商务印书馆1994年版。

黄维民:《奥斯曼帝国》,三秦出版社2000年版。

郝时远:《帝国霸权与巴尔干"火药桶"》,社会科学文献出版社1999年版。

孔寒冰:《东欧史》,上海人民出版社2010年版。

孔寒冰:《科索沃危机的历史根源及大国背景》,四川人民出版社1999年版。

马细谱:《南斯拉夫通史》,上海社会科学院出版社2020年版。

王秀美等:《基督教史》,江苏人民出版社2006年版。

王绳祖主编:《国际关系史:第二卷(1814—1871)》,世界知识出版社1995年版。

王绳祖主编:《国际关系史:第三卷(1871—1918)》,世界知识出版社 1995 年版。

左娅:《克罗地亚》,社会科学文献出版社 2007 年版。

章永勇编著:《塞尔维亚和黑山》,社会科学文献出版社 2005 年版。

赵乃斌、汪丽敏:《南斯拉夫的变迁》,广东人民出版社 2002 年版。

译著

[罗] 安德烈·奥采特亚主编:《罗马尼亚人民史》,[罗] 安娜—埃瓦·布杜拉等译,商务印书馆 1981 年版。

[英] 艾伦·帕尔默:《夹缝中的六国——维也纳会议以来的中东欧历史》,于亚伦译,商务印书馆 1997 年版。

[匈] 彼得·F. 休格:《奥斯曼帝国统治下的东南欧(1354—1804 年)》,张萍译,格致出版社 2024 年版。

[保] 科谢夫等:《保加利亚简史》,黑龙江大学英语系翻译组译,黑龙江人民出版社 1974 年版。

[英] 哈罗德·坦珀利:《塞尔维亚史:困扰欧罗巴一千五百年的火药桶》,张浩译,华文出版社 2020 年版。

[英] 卡罗琳·芬克尔:《奥斯曼帝国 1299—1923》,邓伯宸等译,民主与建设出版社 2019 年版。

[阿]克·弗拉舍里:《阿尔巴尼亚史纲》,樊集译,生活·读书·新知三联书店1972年版。

[日]林佳世子:《奥斯曼帝国:五百年的和平》,钟放译,北京日报出版社2020年版说。

[英]罗杰·克劳利:《1453:君士坦丁堡之战》,陆大鹏译,社会科学文献出版社2014年版。

[美]罗伯特·卡普兰:《巴尔干两千年》,赵秀福译,北京大学出版社2018年版。

[英]尼古拉·克莱伯:《罗马尼亚史》,李腾译,东方出版中心2010年版。

[英]帕特里克·贝尔福:《奥斯曼帝国六百年:土耳其帝国的兴衰》,栾力夫译,中信出版社2018年版。

[美]斯坦福·肖:《奥斯曼帝国》,许序雅、张忠祥译,青海人民出版社2006年版。

[美]斯塔夫里阿诺斯:《全球通史:1500年以前的世界》,吴象婴等译,上海社会科学院出版社1999年版。

[英]沃尔特·艾利森·菲利普斯:《希腊独立战争:1821—1833》,于金红译,华文出版社2020年版。

[美]威廉·麦克尼尔:《东欧:草原边疆1500—1800》,八月译,上海人民出版社2021年版。

[英]休特利·达比、克劳利·伍德豪斯：《希腊简史：从古代到1964年》，中国科学院世界历史研究所翻译小组译，商务印书馆1974年版。

[南]伊万·博日奇、西马·契尔科维齐等：《南斯拉夫史》，赵乃斌译，商务印书馆1984年版。

[美]约翰·R.兰普：《南斯拉夫史》，刘大平译，东方出版中心2016年版。

[美]珍妮特·L.阿布—卢格霍德：《欧洲霸权之前：1250—1350年的世界体系》，杜宪兵等译，商务印书馆2015年版。

外文书籍

Dennis P. Hupchick and Harold E. Cox, *The Palgrave Concise Historical Atlas of Eastern Europe*, London: Macmillan, 1996.

Florin Curta, *Southeastern Europe in the Middle Ages, 500–1250*, Cambridge: Cambridge University Press, 2006.

Jean W. Sedlar, *East Central Europe in the Middle Ages, 1000–1500*, Seattle: University of Washington Press, 1994.

L. S. Stavrianos, *The Balkans Since 1453*, New York: New York University Press, 2000.

图书在版编目（CIP）数据

五百年风云：奥斯曼帝国时期的巴尔干/张萍，孔凡君编著．-- 北京：五洲传播出版社，2025.4.
（走近巴尔干·历史回响）．-- ISBN 978-7-5085-5303-0

Ⅰ．K540.7

中国国家版本馆 CIP 数据核字第 2024CR8710 号

五百年风云：奥斯曼帝国时期的巴尔干

编　　著：	张　萍　孔凡君
出 版 人：	关　宏
策划编辑：	邱红艳　王　峰
责任编辑：	邱红艳
特约编辑：	王国荣
装帧设计：	蒲建霖　牛一博
图片摄影：	孔凡君
出版发行：	五洲传播出版社
地　　址：	北京市海淀区北三环中路 31 号生产力大楼 B 座 6 层
邮政编码：	100088
发行电话：	010-82005927，010-82007837
网　　址：	http://www.cicc.org.cn
	http://www.thatsbooks.com
承　　印：	涿州市荣升新创印刷有限公司
版　　次：	2025 年 4 月第 1 版第 1 次印刷
开　　本：	880mm×1230mm　1/32
印　　张：	6
字　　数：	100 千字
定　　价：	78.00 元